소 · 통 · 을 · 이 · 루 · 는 · 대 · 화 · 의 · 기 · 술

대화의 심리학 시리즈 3
의사소통의 심리학

소·통·을·이·루·는·대·화·의·기·술

대화의 심리학 시리즈 3

의사소통의 심리학

홍경자 지음

머리말

　내가 한미교육위원단(풀부라이트) 장학생으로 미국의 미시시피 대학교에서 박사학위과정을 수학하던 1970년대 후반의 일이다. 그 당시만 해도 우리나라는 제3세계에 속한 나라로서 경제사정이 좋지 못하였다. 나의 학과 교수들은 해마다 주(洲)의 상담심리학회가 열리는 먼 지역까지 자기네 차에 나를 태워 데려갔고, 학회비와 호텔 경비를 모두 면제해 주었다. 내가 그렇게까지 가난한 학생이 아니었건만 나의 지도교수는 아시아에서 유학온 여학생을 자기 친구 집에 데리고 가서 함께 식사를 하자고 하며 나의 식사 문제까지 신경을 써 주었다. 생면부지의 나를 극진하게 대접해 준 그 친구분에게 나는 무척 감동했는데, 고마운 마음은 가슴 깊숙이 보물처럼 묻어 두었을 뿐 그 집을 떠날 때는 정작 아무 말도 하지 못하였다.

　약 2년의 세월이 흘렀을까? 한국에 돌아와서 나는 간단한 선물과 함께 그때 얼마나 고맙고 감격스러웠는지 모른다는 내용의 편지를 그분에게 보냈다. 그분의 답장 내용 중에서 지금 내가 기억하고 있는 말은, "당신은 우리의 문화를 잘 이해하지 못하는 것 같다."는 것이다. 내가 그때 '정말 감사하다'는 말 한마디만 했더라도 그분은 충분히 흡족하였을 것이고 나의 지도교수도 체면이 섰을 텐데……. 또 그들은 호의를 베풀 때 어떤 대가나 선물을 전혀 기대하지도 않는데, 우리 한국인은 뒤늦게야 과분할 정도의 물질로 답례하여 새삼스럽게 부담감을 안겨 주는 것이다. 나는 다행히도 늦게나마 그분과 연락이 가능하여 나의 고마움이 전달되었지만, 경우에 따라서는 은혜 입은 분에게 감사한 마음을 표시할 기회를 영원히 놓치고 마는 수도 있다.

  나이가 가르치는 탓일까? 우리의 인생은 덧없이 흐르고, 이 세상에 머무름이 허락된 각자의 시간은 아무도 알지 못하기에, 서로 간에 그때 그때 진솔한 느낌을 표현하며 사는 것이 옳게 사는 길이라는 것을 나는 다시 한 번 절감한다. 부모와 자녀 간에 갈등이 있을 때 자녀만 잘못하는 것이 아니다. 부모 쪽에서 벌컥 화를 내고 자녀를 윽박지른다든지 하여 본의 아니게 그들의 마음에 상처를 주는 수가 많다. 부모는 자존심 때문에 어린 자녀에게 차마 '미안하다.'는 말을 하지 못하고 수많은 세월을 서로 미워하고 오해하며 지내는 경우가 많지 않은가? "아들아, 아빠가 지난번엔 정말 미안했다." 자녀들은 이 한마디를 듣고 싶어 얼마나 목말라하는지 모른다. 따지고 보면 '사랑한다' '감사하다' '미안하다' 이 세 마디야말로 참되고 아름다운 인간관계의 진수가 아니겠는가?

  나는 지난 30여 년간 대학 강단과 지역사회에서 카운슬링과 부모역할 등의 이론과 기법을 가르쳐 왔다. 그러한 경험 속에서 한국인들의 대화 양식이 안고 있는 주요 문제점을 파악할 수 있었다. 한국 사람들은 다정다감하다. 그럼에도 유교적인 가치관의 영향 때문인지 자신이 느끼고 생각하는 바를 그때 그때 솔직하게 표현하지 못하고 억누르는 경향이 있다. 한국인의 한(恨)과 가슴앓이도 그러한 풍토에서 연유된 결과일 것이다.

우리의 일상생활은 관계요, 대화다. 우리 모두는 평소에 기분 좋은 인간관계를 맺고 발전시키며, 대인관계의 문제점과 갈등을 효율적으로 풀어 나가는 의사소통의 기술을 익힐 필요가 있다고 본다. 이러한 필요성에 입각하여 나는 『자기주장과 멋진대화』를 저술하였다. 그런데 좀 더 많은 사람에게 도움을 주는 책으로 다시 출판해 달라는 요청이 있어서 그 내용을 보완하여 이번에 『대인관계의 심리학』, 『자기주장의 심리학』, 『의사소통의 심리학』을 출간하게 되었다.

　이 책에서는 멋진 대화의 기술을 익히기 위하여 우리가 알아야 할 의사소통의 기본 개념을 다루고 있다. 의사소통은 어떻게 이루어지는가? 각 개인이 보이는 대화 방식의 특징은 무엇이며, 어떤 문제점을 안고 있는가? 기분 좋은 관계를 맺고 갈등과 의견 대립 등을 풀어 나가는 참신한 대화의 기술에는 어떤 것이 있는가? 특히 분노의 감정을 통제하고 자기관리하는 요령은 무엇인가? 이런 내용에 대하여 개념과 실제 기술을 소개하였다. 아무쪼록 여러분의 일상생활에 도움이 되기를 기원하면서, 이 책에 대한 여러분의 피드백도 기대해 본다.

  이 책을 예쁜 책으로 편집하고 많은 그림을 그려 주신 (주)학지사 이너북스의 직원들에게 고마움을 표시하며, 특별히 김진환 사장님께 깊이 감사드린다.

2007. 1.

홍 경 자

차례

■ 머리말_05

1. 대인관계는 대화 방법이 좌우한다_12
1 의사소통능력과 대인관계기술_16
2 한국인의 행동 특성_21
3 주장적 자기 표현_29

2. 의사소통은 어떻게 이루어지는가_32
1 대화의 특징_36
2 의사소통의 정의_42
3 의사소통은 어떻게 이루어지는가_47
4 의사소통의 문제점_56

3. 의사소통이 원활하면 대인관계도 좋아진다_66
1 키슬러의 대인관계 양식_70
2 호나이의 기본적 갈등과 포용적 대처 방식_73
3 사티어의 역기능적 의사소통 방식과 일치형의 대화_78
* 키슬러의 대인관계 양식 검사_82

4. 감정 조절은 대화의 시작이다_84

1 분노란 어떤 감정이며 어떤 상황에서 발생하는가_88
2 분노는 어떤 형태로 표현되는가_91
3 분노를 통제하는 방법에는 어떤 것이 있는가_96
4 되도록 화 내지 않고 살 수는 없을까_111
5 사 례_120

5. 의사소통의 시작은 상대방에 대한 이해에서 비롯된다_132

1 비언어적인 의사소통의 기술_136
2 언어적인 의사소통의 기술_140
3 문제 해결을 돕는 방안_172
4 사 례_188

6. 문제는 순리대로 해결하면 된다_196

1 함께 변화를 모색하기_200
2 현명한 선택하기_204
3 순리대로 문제 해결하기_208

■ 참고문헌_219

대인관계는
대화 방법이 좌우한다

1
의사소통능력과 대인관계기술

2
한국인의 행동 특성

3
주관적 자기 표현

인간은 다른 사람들과 한시도 떨어져 살 수 없는 사회적 존재다. 우리는 각양각색의 사람들과 어울려 살면서 대화를 주고받으며 다양한 욕구를 충족하고 살아간다. 그 과정에서 상호 간에 원하는 바가 전달되고 수용되면 만족과 행복감을 느끼고, 그것이 묵살되거나 유린당할 때 불만족, 좌절감과 더불어 갈등적 관계와 불행감을 경험하게 된다.

　대인관계에서 자신을 표현하고 욕구를 충족하는 수단은 대화다. 대화란 다른 말로 의사소통(communication)이라고도 한다. 그런데 의사소통을 통하여 이루어지는 대인관계는 대개 관련된 사람들의 성격, 성장 배경, 사회적 위치 등에 따라 어떤 일관성 있는 특징이 나타난다. 가령, 직장에서 상사와 하급자, 학교에서 교사와 학생, 가정에서 부모와 자녀 간에는 보이지 않게 서열의식이 내재한다. 그러므로 하급자는 자신이 원하는 바를 상급자에게 솔직하게 표현하지 못하는 경우가 허다하다. 그러나 윗사람과 대화할 때마다 항상 서열의식을 가지고 몸을 도사리며 상대방의 눈치를 살피면서 복종하는 방식이 고착된다면 어떤 결과가 나타날까? 그에게는 만성적인 욕구불만이 쌓일지도 모른다. 또 수동적인 대인관계의 습관이 형성되면 결과적으로 지구촌 시대에서 도태되기 쉽다는 것을 우리는 잘 알고 있다. 어떤 사람들은 수줍고 말수가 적고 내향적인 성격 때문에 사람을 사귀거나 인간관계를 맺을 때 애를 먹기도 한다. 또한 엄격한 가정 분위기에서 성장한 사람은 특히 사람들을 어려워하거나 배척하는 경향이 있어서 자신의 의사, 욕구, 감정을 잘 표현하지 못한다. 한편, 이와 반대로 상대방에게 너무 적대적으로 응수하여 인간관계에 금이 가는 수도 있다. 이 장에서는 다양한 사례를 통해 대인관계에 필요한 대화 기술을 살펴보도록 한다.

1
의사소통능력과 대인관계기술

 어물 씨는 '법이 없어도 사는 사람'이라는 평을 듣는다. 그는 친절하며 겸손하다. 회사에서 어려운 일이 생기면 직원들이 그에게 달려간다. 그래서 어물 씨는 늘 일 속에 파묻혀 지내다가 가장 늦게 퇴근하기 일쑤다. 착하고 인정 많기로 소문난 어물 씨가 자신에 대해서는 과연 만족하고 있을까?
 그는 누가 사정을 하면 거절하지 못하는 성격 때문에 친지들에게 거금을 빌려 주고 되돌려 받지 못한 것이 한두 번이 아니다. 이것 때문에 가정 경제가 파탄 나서 아내와 말다툼이 잦아졌고, 아이들을 과외 공부시킬 경제적 여력도 없게 되었다. 그는 직장에서 직원들의 요청을 들어주면서도 한편으로는 자신은 '손해만 보고 산다.'는 생각을 한다. 그러면 직원들이 미워지고 짜증이 나서 자기도 모르게 화를 내게 된다. 그러고는 그들을 원망하는 자신의 모습에 환멸감을 느낀다. 어떤 때는 상대방에게 마음에도 없는 말로 비위를 맞추려고 애쓰는 자신이 한심스럽기까지 하다.

　소심 양은 타고날 때부터 내성적이고 겁이 많다. 학교에서도 급우들과 별로 말하지 않고 주로 책 속에 파묻혀 지내며 단짝 친구만 한 명 있을 뿐이다. 잘하는 것은 공부이기 때문에 대학원에 진학하여 논문을 쓰고 있다. 그녀는 어쩌다 마음이 끌리는 이성이 눈앞에 나타나면 당황하여 데이트 기회를 놓치고 나서 "난 왜 이렇게 못났을까?"하고 자책한다. 그런데 지도교수가 자기 논문의 연구주제를 다른 방향으로 수정하도록 서너 번 지시하였다. 소심 양은 오랫동안 수집해 온 자료를 아주 귀중하게 생각하였고, 자기가 정한 방향으로 연구를 계속하고 싶은 강한 열망을 가지고 있었다. 하지만 평소에 지도교수를 어렵게 느끼던 그녀는 자신의 심정을 차마 이야기할 수가 없었다. 혼자서 고민하던 끝에 자신의 생각대로 열정을 다하여 장문의 논문을 체계적으로 써서 제출하면 지도교수를 감동시킬 것이라고 생각하였다. 그렇게 해서 논문을 제출하였다. 결국 그 결과는 어떻게 되었을까? 지도교수는 소심 양에게 논문을 지도해 줄 수 없으니 다른 교수로 교체하라면서 노발대발하였다. 소심 양처럼 사람을 무시하는 제자는 가르칠 수 없다는 것이었다. 자신은 언제나 공손하고 조심성 있는 사람이라고 생각했는데 사람을 무시한다는 오해를 받게 된 것이다. 깜짝 놀란 소심 양은 얼굴이 새파랗게 질려 있다. 그러고 보니 평소에도 소심 양은 '알 수 없는 사람'이라는 말과 '답답하다'는 말을 곧잘 들었다.

도끼 군은 리더십도 있고 똑똑한데 매사에 승부욕이 강하다. 약간의 갈등이 생겨도 버럭 화를 내고 언성을 높이기 때문에 가족과 마찰이 심했다. 자신은 인정도 있고 의리도 있는데 감정 통제가 되지 않기 때문에 어떤 사람들은 자신을 몹시 싫어한다는 것을 그는 잘 알고 있다. 도끼 군 역시 그러한 성격을 고치고 싶은데 마음대로 되지 않아 고민이다.

원형 씨는 자신의 이름처럼 비교적 원만한 성격의 소유자다. 말수가 많은 편은 아닌데 자신의 소신을 피력할 때는 확실하게 말을 하고 자신의 뜻을 관철한다. 그리고 대화할 때는 상대방을 지그시 응시하면서 가끔씩 미소 지으며, 긍정적인 신체반응을 보낸다. 누군가가 원형 씨에게 비판을 하면 그 말을 신중하게 경청은 하지만 중립적인 입장에서 가볍게 듣는 것처럼 보인다. 감정에 동요되지 않고 비교적 단순하게 처리하므로 그의 객관적 태도에 사람들은 경탄한다. 그리고 때때로 싱거운 유머도 구사하고 주변 사람을 마치 어린아이 다루듯이 부드럽게 대하며 그 마음을 잘 읽어 준다. 그러니까 사람들은 원형 씨에게 '좋다'거나 '싫다'는 말을 솔직하게 할 수가 있다. 그와 의견 대립이 생기더라도 끝에 가서는 기분 좋게 타협이 이루어지는 경우가 많다.

앞의 예에서 어물 씨와 소심 양은 억제된 인간으로서 소극적인 성격의 소유자이고, 도끼 군은 공격적이고 다혈질적인 성격의 소유자로 보인다. 원형 씨는 주장적이고 자주적인 인간으로 보인다. 이의 세 사람 모두는 원형 씨와 같은 의사소통의 능력과 대인관계의 기술을 구사하고 싶어 할 것이다.

원형 씨와 같은 대화의 특성을 심리학에서는 '주장적'이라고 한다. 그것은 자신의 생각과 원하는 바를 상대방에게 허심탄회하게 나타내어 자신의 존엄성과 권리를 침해받지 않고 지키면서, 동시에 상대방의 인격과 권리도 침해하지 않는 대화법, 그리고 더 나아가 호의적이고 친밀한 관계를 유지할 수 있는 의사소통의 특징을 포함하고 있다.

어떤 이는 상대방의 의사나 권리는 고려하지 않은 채 자신의 사상과 요구만 고집하고 강요하는데, 그때 사람들은 자기주장이 강하다는 식으로 그를 평한다. 한국을 비롯하여 중국, 일본 등과 같은 나라에서는 이와 같이 '주장(主張)하다'에 대한 그릇된 관념이 있는 것이 사실이다. 그러나 심리학에서 말하는 개념은 다르다. 그러한 행동은 엄격한 의미에서 '공격적' 행동이다. 왜냐하면 자신의 입장이나 사상은 강력하게 피력했지만 상대방의 인격과 권리를 존중하지 않은 행동이므로 상대방에게 모독감이나 불편을 끼칠 가능성이 높기 때문이다.

바람직한 주장적 행동은 자신을 내세우되 상대방의 마음을 읽어 줌으로써 그의 인격과 권리를 동시에 존중해 주는 행동으로 나타나야 한다. 즉, 상대방의 마음에 공감해 주면서 자신을 주장하는 것이다. 이것을 '공감적 주장(共感的 主張, empathic assertion)'이라 한다.

　주장적 자기 표현과 관련하여 한국인이 일반적으로 보이는 행동 특성을 살펴보자.

한국인의 행동 특성

　△△군에서는 문화사업을 시행하려는 계획을 수립하였고, 그 책임을 K과장이 담당하고 있다. 문화관광부 산하의 S계장은 평소에 성실하고 실력이 있어서 K과장의 신임을 받고 있다.

　K과장: S계장, 우리 군청에서 실시할 문화관광 프로젝트의 구상은 어떻게 진척되고 있지요? 앞으로 3개월 후에는 관광객들이 몰려올 텐데요…….
　S계장: 과장님, 걱정하지 마십시오. 제가 다른 군청에서 문화관광 프로젝트를 담당한 경험이 있는 E씨 하고 정기적으로 만나고 있습니다. 제가 E씨의 아이디어를 따라서 계획을 짰고, 남은 건 세부적인 배치와 홍보 문제뿐입니다.
　K과장: 음, 그럼, 모든 걸 S계장에서 일임해도 되겠지요?
　S계장: 네. 과장님은 다른 일로도 바쁘시니까, 이 프로젝트는 제

가 E씨 하고 최선을 다해 뛰겠습니다.

K과장은 새로이 개발되는 문화관광 사업의 세부 계획에 대하여 자세히 알고 싶었다. 그러나 자기가 꼬치꼬치 확인하면 똑똑한 S계장이 자신을 까다로운 상급자로 볼 것 같고, 또 부하 직원을 신임하지 못하는 것으로 보일까 봐 입을 다물었다.

한편 S계장은 말보다 실천이 앞서는 타입이다. 그리고 윗사람들을 어렵게 생각하고 조심하는 편이다. S계장은 E씨의 자문을 받아 문화관광 사업의 프로젝트를 고안하면서 고심하였다. 왜냐하면 E씨의 아이디어가 다른 군청에서 실시하는 문화관광 사업과 대동소이하여 고유한 개성이 돋보이지 않았기 때문이다. 그렇다고 S계장 나름대로 독특한 아이디어가 있는 것도 아니다. 이런 사정을 K과장에게 말씀 드리면 그 역시 특별한 소재의 프로젝트를 고안해 낼 것 같지도 않고, 자신을 신통치 않게 볼 것 같았다.

드디어 △△군의 관광 축제가 벌어졌다. 요란한 홍보 활동 덕분에 많은 인파가 몰려왔다. 그런데 군청의 직원과 참가자들이 한결같이 아쉬워하는 것은 이번 프로젝트에서 참가자가 함께 즐길 수 있는 소재나 창의성은 찾아볼 수 없었고, 어디서나 똑같은 먹을거리 행사에 불과했다는 것이었다. 이에 K과장은 S계장을 문책하였다. 프로젝트를 구상할 때부터 끝날 때까지 왜 자기에게 수시로 세부적인 진척 사항을 꼼꼼하게 보고하지 않았느냐는 것이었다. 그리고 차별화된 아이디어가 생각나지 않았으면 미리 자기에게 알려 주었어야 했다는 것이었다. 그랬다면 새로운 사업안에 대하여 공모를 할 수도 있었을 텐데, 일이 이미 진행된 다음에는 수정할 기회가 없지 않느냐는 것이다.

여기서 두 사람이 범한 실수를 찾아보자. 먼저 K과장은 유능한 S계장을 맹목적으로 신임하였고, 또 부하 직원에게 자기가 어떤 이미지로 보일까에 너무 신경을 쓴 나머지, 감독의 임무를 소홀히 하였다. 다시 말해서 그의 소극성으로 인해 자신의 직위에 부여된 권리와 책임을 정당하게 구사하지 못한 점이 실수였다. S계장은 꽤 똑똑한 사람이지만 상급자를 보면 항상 조심스럽고 부담스러운 느낌을 떨쳐 버리기가 힘들었다. 그래서 수차례 보고하는 대신에 몇 번으로 나누어 개략적으로만 K과장에게 보고하였다. 그러니까 S계장은 실력으로 보나 나이로 보나 사회의 지도자급에 해당되지만, 상급자 앞에 서면 자동적으로 위축되어 마치 미성년자처럼 행동한다. 정서적으로 성숙하지 못한 것이다. 사실 많은 한국인이 S계장 같이 심리적으로는 미숙한 수준에 머물러 있기에 상급자 앞에서는 의연하게 자신을 표현하지 못한다. 그래서 브리핑의 책임에 소홀했던 것이다.

한국 비행사들의 조종기술은 매우 뛰어남에도 불구하고 한국의 항공기 사고율은 높다. 수년 전에 외국의 보고서가 그 이유를 분석한 적이 있는데, 그 이유 중의 하나가 파일럿들이 관제탑과 수

시로 통화를 하지 않는다는 것이다. 많은 한국인이 대개는 자기 나름대로 일을 알아서 처리하고 아주 중요한 대목만 문의하고 보고하는 습성이 있는 것으로 보인다.

유교적 문화의 영향을 받고 자란 한국인들은 상급자나 연장자를 존경하는 마음을 가지고 있기에, 가능한 그들을 번거롭게 하지 않고 스스로 알아서 일을 처리하려는 경향이 있다. 그리하여 사소한 문제를 문의하고 상의하는 일을 생략해 버린다. S계장도 예외가 아니었다. K과장을 배려하고 존경한 나머지 S계장은 독단적으로 일을 진행하였다. 그러나 문화사업의 실패는 K과장에게 돌아갔다. 결과적으로 S계장은 임의적이고 독재적인 방식으로 일을 처리하여 K과장의 명성과 인격에 손상을 가져다준 셈이다. 최선을 다한 S계장이지만 엄밀히 따져 볼 때, 자신의 의무 사항인 브리핑과 논의를 철저하게 하지 못하여 직무 소홀의 우를 범한 것이다. 뿐만 아니라 그의 처사는 상급자를 인격적으로 무시하고 홀대한 행동으로 해석된다. 윗사람을 어려워하는 것은 존경이 아니다. 오히려 문제 상황을 풀어 나가는 초기 시절부터 자주 만나 많은 대화를 나누고 상의하는 것이 올바른 존경이다. 또 하나의 예를 들어 보자.

엄그만 씨(75세)는 교회의 권사로 독실한 신앙인이다. 음식 솜씨와 말씨, 행동 면에서 따라갈 사람이 없을 정도로 완벽하지만 성격은 다혈질이다. 밥상 위에 반찬이 적어도 몇 가지는 되어야 영양 섭취가 골고루된다고 고집하는 엄 씨는 며느리가 대충 차리는 밥상 앞에서 크게 호령을 한다. 소심하고 순종적인 며느리가 가끔씩 반대 의견을 표시하기라도 하면 온 집안에 소동이 벌어진다. 아들도 어머니를 이길 수 없다. 시름시름 앓던 며느리가 40대 중반에 심장병으로 사경을 헤매게 되었다. 오로지 자식들을 위하여 기도로 살아온 엄 씨는 며느리의 고충을 이해할 수가 없다.

이 집안이 불행으로 치닫게 된 배경을 간략하게 살펴보자. 엄 씨는 종교적으로는 열성이지만, 가정에서는 아들과 며느리도 자기와 똑같이 인격적으로 평등한 존재라는 것을 인정하지 않고 있다. 마음속에는 가족에 대한 지극한 사랑이 존재하지만, 모든 가족에게 동등하게 주어진 자기 표현의 권리와 인격적 존엄성을 허용하지 않는 그의 생활방식은 결국 며느리를 신체적으로, 심리적으로 병들어 죽게 만들고 있다. 아들은 어머니에 대한 효심 때문에 수수방관하며 한숨만 짓고 있다.

일상생활에서 가장 많이 부딪치는 사람은 아마도 가족일 것이다. 부부간, 부모-자녀 간, 형제간에는 거의 매일 의견 차이, 생활습관의 차이, 욕구나 취향 및 가치관의 차이 때문에 사소한 말다툼과 갈등이 생기기 마련이다. 그리고 그 골이 깊어질 때 분노, 증오, 폭력, 관계 단절 및 가정 파탄까지 이어지게 된다. 집 안에서 거의 매일 서로 이야기를 주고받으며 생활하고 있건만 도무지 '안 통한다'고 느끼는 부부가 얼마나 많은가? 예를 들어 보자.

김대곰 씨는 말 없이 출근했다가 말 없이 퇴근한다. 귀가하면 샤워하고 신문과 TV 보는 일이 전부다. 아내에게 하는 말은 '내 양말!' 또는 '밥 줘.' 정도다. 입을 다물고 사는 남편에 대한 아내의 불만은 이만저만이 아니다. 한편 아내 이참새 씨는 동일한 말을 계속 반복한다. 그리고 사소한 일마다 좋다거나 싫다거나 하며 감정 표현을 하는 성격의 소유자다. 누군가가 조금만 자기 기대에 어긋나면 토라지고 눈물을 흘린다. 조금만 기분이 좋으면 '호호, 헤헤'한다. 또 남편이 자신을 아껴 주지 않는다고 하루에도 서너 번씩 불평을 한다. 과묵한 김대곰 씨는 이런 아내가 못마땅하다. 참는 것이 한계에 이르면 그는 불곰처럼 날뛰어 손찌검을 한다. 그러고 나서는 총알같이 쏘아대는 아내의 바가지 소리를 듣지 않으려고 집 밖으로 나가 버린다.

이런 악순환적 의사 교류에 종지부를 찍고 관계를 호전시킬 수 있는 대화기법은 어떤 것일까? 너무 감정적인 언사나 길게 푸념하는 습관, 이와 반대로 지나치게 말이 없다거나 애정과 호감을 표현하지 못하는 것도 바람직하지 못하다. 우리는 상호 간에 인격적으로 예우하며 호의와 친밀감을 적절하게 표현하는 대화기법을 익힐 필요가 있다.

한편 박달변 씨와 최오순 여사의 가정을 살펴보자. 최 여사는 남편과 이야기해서 단 한 번도 자신의 뜻이 제대로 전달한 적이 없다고 느낀다. 책임감이 있고 유능한 사업가인 박달변 씨는 가족도 끔찍이 아끼는 성실파다. 그런 남편과 살고 있건만 아내는 남편과 대화를 하면 할수록 점점 더 자기가 무언가 잘못하고 있다는 느낌을 받게 되어 공연히 허전하고 쓸쓸하다.

박 씨는 이번 주 토요일에 가족 나들이를 하기로 자녀들과 약속하였다. 토요일 아침에 아이들이 단단히 다짐을 받아 냈다.

"아빠! 오후 3시죠? 알았죠?"

그런데 약속한 오후 3시에 그는 나타나지 않았다. 아이들이 전화를 걸었을 때 그는 사업상 중요한 일이 생겨서 가족 나들이는 다음번으로 미룬다는 말만 하고 전화를 끊었다. 그날 저녁 늦게 귀가한 박달변 씨와 최오순 여사가 주고받은 대화를 엿들어 보자.

최 여사: 여보, 모처럼의 가족 나들이인데 어쩌면 그렇게 약속을 어겨요? 애들이 얼마나 실망했는지 알아요?

박　　씨: 사업을 하다 보면 갑자기 중요한 일이 생길 수도 있는 것 아냐? 그런 건 당연히 이해해야지. 당신도 철없는 아이들과 똑같이 구니 답답하단 말이야. 사업이 잘 되어야 우리가 잘사는 거 아니요?

최 여사: 그래도 그렇지. 어린아이들이 그런 사정을 얼마나 이해할 수 있겠어요?

박　　씨: 그럼 앞으로는 절대로 가족 나들이 가자는 말은 안 할 거야.

최 여사: 여보, 내 말은 그게 아닌데…….

박　씨: 당신이 아이들에게 아빠 일을 잘 설명해 주어야 하는 건 건데 당신이 그걸 하지 않으니까 애들이 섭섭하다는 둥, 실망했다는 둥 하는 것 아니요? 당신이 잘한 거요?"

최 여사: 글쎄……, 그러고 보니…….

박　씨: 앞으로는 내가 생활비를 적게 줘도 불평하지 말아요. 알았지?

최 여사는 말 한마디 잘못 꺼냈다가 자칫하면 생활비까지 삭감될 처지에 몰리게 되었다. 가정적이고 성실한 남편임에도 불구하고 아내에게 공허감과 실망감만 안겨 주는 박 씨의 대화 방식은 어떤 것일까? 박달변 씨는 아내가 말한 내용에 대하여 잘 경청한 다음에 그 말의 배후에 담긴 감정, 즉 아내의 섭섭한 마음을 이해해 주지 못하였다. 공감 능력이 부족한 것이다. 박 씨는 공감을 표명해 주는 대신에 논리적인 설득과 협박적인 언어를 사용하고 있다. 위협적인 말은 상대방의 마음을 얼어붙게 한다. 논리적인 설득이 효력을 발휘하게 하려면 설득에 앞서 상대방의 마음을 이해하고 수용하는 일, 즉 공감하는 일이 선행되어야 한다.

3
주장적 자기 표현

　박달변 씨가 다음과 같은 방식으로 아내의 마음을 읽어 줄 수 있다면 최오순 여사의 가슴에 드리워진 공허감은 사라지고 그 대신에 훈훈한 수용감과 행복감으로 채워질 수 있을 것이다.

최 여사: 여보, 모처럼의 가족 나들이인데 어쩌면 그렇게 약속을 어겨요? 애들이 얼마나 실망했는지 알아요?

박　　씨: 여보, 미안해. 오랜만의 가족 나들이라 애들이 잔뜩 기대를 했는데 내가 오지 않아 크게 실망했겠지?

최 여사: 그럼요. 애들의 부푼 꿈이 싹 사라졌죠. 꼭 가족 나들이를 취소해야 할 만큼 그렇게 중요한 일이 생겼던 거예요?

박　　씨: 그랬어요. 나도 아이들이랑 당신이 몹시 실망할 것이라는 사실을 알고 참 안타까웠어요. 여보, 이것도 다 우리가 잘살자고 한 것이 아니오? 사실 나도 가족 나들이를 기다렸거든. 다음 주에 더 멋있는 곳으로 꼭 갑시다. 내가 약속할게.

이상의 예화에서 살펴본 바와 같이 우리가 일상적으로 주고받는 대화는 경우에 따라서 기능적이고 유쾌한 관계로 발전시켜 주기도 하고, 또 역기능적이고 관계를 악화시키는 결과를 가져오기도 한다.

심리학자들은 인간관계를 통한 교류를 '만남'이라고 말한다. 만남의 종류는 크게 '스침의 관계'와 '참 만남(encounter)'의 관계로 구분된다. '스침의 관계'는 상대방을 인격체로 간주하고 기본적으로 예우하는 마음가짐에서 대하는 것이 아니라 나의 욕구를 달성하는 수단으로 보는 관계를 말한다. 이런 피상적이고 역할적인 만남을 마틴 부버(Martin Buber)는 '나와 그것(I-It)'의 관계라고 하였다. 또한 부버는 그에 반하여 '참만남'을 가식적이고 서로 게임을 하는 관계가 아닌 인격적인 만남, 곧 조건 없이 진정한 마음을 나누는 만남이라고 하였다. 이는 '나와 너(I-Thou)'의 관계로 표현된다. 우리는 이러한 참된 관계 속에서 상호 간의 성장과 사랑을 경험할 수 있다.

앞의 사례에서 아내가 공허감을 느끼는 원인은 남편이 자신을 아내라기보다는 단순히 어떤 역할자로만 보고 있다는 느낌 때문이 아니었을까? 아내는 기본적으로 남편에게 배려받는 존재로서 소중한 반려자라는 느낌을 확인받을 때 편안하고 행복할 수 있다. 그런 느낌이 전달되는 관계 안에서는 어떤 역할을 잘했느니, 잘못했느니 하고 평가를 받게 되어도 불평이 있을 수 없다. 그러므로 모든 대화상의 문제는 한쪽에서 상대방을 자신의 목적 달성을 위한 도구나 명령에 기계적으로 응하는 로봇으로 인지하느냐, 가슴과 가슴이 통하는 존재로 대하느냐 볼 수 있다. 내가 토해 낸 말이 허공에 스치고 지나가는 바람소리나 소음이 되느냐, 아니면 너의 귓전에 다가가 머무르는 음조(音調)가 되느냐는 이처럼 상대방을 혼과 영이 담긴 인격체로 보느냐의 여부에 달려 있다. 그러므로 인권과 민주주의의 개념은 대화를 하는 사람의 태도에 배어 있다고 하겠다.

의사소통은
어떻게 이루어지는가

1
대화의 특징

2
의사소통의 정의

3
의사소통은 어떻게 이루어지는가

4
의사소통의 문제점

인간은 태어나서 죽을 때까지 의사소통을 하면서 살아간다. 표정, 동작이나 몸짓 등 개인의 모든 행위는 자신의 마음과 뜻을 전달하는 행동이므로 따지고 보면 모든 행위는 의사소통의 행위다. 그러니까 인간은 자신도 모르는 사이에 무언가를 매 순간 말하고 있는 것이다.

언젠가 서울의 지하철역 앞에서 나는 그 근처의 지리에 대한 안내를 받으려고 누군가에게 다가가 말을 걸고 싶었다. 그런데 마땅한 사람을 발견할 수가 없어 한참 동안을 서서 행인들만 주시하고 있었다.

'왜 내가 사람들에게 다가갈 수 없었을까?'

땅바닥에 시선을 떨구거나, 휴대전화에 매달려 있거나, 멍한 상태로 자기 몰입되어 있는 사람들, 주변의 사물과 옆 사람에게는 도무지 관심을 보이지 않는 그들. 그런 사람들을 보고 나는 그들의 마음이 자기 관심 영역 밖에는 모두 닫혀 있으며, 꽃과 나무와 싱그러운 바람과 심지어는 소음까지도 감상할 여유가 없이 매우 각박하다고 느꼈다. 안타까운 심정으로 바라보던 나는 한참 후에야 무관심하게 걸어가는 사람을 일부러 불러 세우고 "저어, 실례합니다. ××로 가려면 어느 방향으로 가지요?"라는 한마디를 애걸하듯이 말할 수 있었다.

가정에서도 부부간에, 부모-자녀 간에 일상적인 말은 주고받지만 상대방의 눈을 응시하지 않고 사는 사람들이 있다. 부모와 눈을 마주치지 않는 청소년, 그들이 눈을 마주치지 않는다는 것은 부모에게 향한 자기 마음의 대문을 오래 전에 닫아 버렸다는 뜻이다. 그러한 관계에서 이루어지는 대화는 허공에 스치는 메아리일 뿐, 너와 나의 진정한 마음은 교류되지 않는다.

길지 않은 인생을 살아가는 동안에 만나는 사람들 한 명 한 명을 소중한 인연으로 생각하고 가슴으로 맞이할 때, 우리는 질적인 관계를 맺을 수 있다. 비록 길거리에서 낯선 행인에게 방향을 가르쳐 주는 단 일분 간의 교류일지라도 그 속에서 훈훈한 인간미가 느껴질 때 그것은 향기로운 여운으로 드리워질 수 있다. 서로의 필요와 욕구를 알아채고 인정해 주며, 각자의 개성을 감상할 줄 아는 마음의 소유자는 풀과 새들과 사물과 창공과 우주와 신과도 대화를 주고받을 수 있을 것이다. 진솔한 대화는 그만큼 소중하다.

대화의 특징

대화이론을 연구한 와츠라위크와 잭슨(Watzlawick & Jackson)에 따르면 인간의 대화는 다음과 같은 특징을 나타낸다고 한다.

인간의 모든 행동은 대화다

우리의 일상생활에서 나타나는 거의 모든 행동은 일종의 의사소통이다. 즉, 우리는 몸으로, 행동으로 늘 말하고 있다. 예컨대, 정신분열증 환자가 보이는 괴상한 행동은 자기만의 독특한 대화 방식이라고 볼 수 있다. 그러므로 언어뿐만 아니라 침묵이나 비언어적 표현도 대화의 한 방법이다.

모든 대화에는 내용과 관계성이 나타나 있다

대화는 내용이 곧 전달되는 정보다. 그런데 정보는 두 사람의 관계가 어떠하냐에 따라서 특정한 태도나 전달 방식으로 전달된다. 가령, 우리는 윗사람이 아랫사람에게 반말로 명령하듯이 지시하는 것은 익숙하게 받아들인다. 그런데 어느 남성이 처음 만나는 여성에게 마치 애인을 대하는 듯한 태도를 취한다면 그 여성은 당황할 것이다. 대인 간의 갈등은 대화의 내용과 관계성이 불일치할 때 일어나는 경우가 있다.

모든 행동은 의사소통이다.

사람들은 책임을 전가하는 방식으로 대화하는 경향이 있다

이것을 '구두점의 원리'라고 한다. 인간은 상대방의 이야기를 듣고 난 다음에 그것을 토막내고 '구두점을 찍어서' 자기에게 유리한 방향으로 합리화하고 자기방어적으로 대화를 이끌어 가는 경향이 있다. 예를 들면, 아내는 "남편이 술을 마시니까, 내가 바가지를 긁는다."라고 말한다. 이에 반해서 남편은 "아내가 바가지를 긁으니까, 내가 술을 마신다."고 대꾸한다.

구두점의 원리

대화 속에는 힘의 배분 방식이 들어 있다

대화의 내용을 들어 보면 힘을 나누어 가지는 관계인지, 힘의 우열이 정해진 관계인지를 알 수 있다. 두 사람이 힘을 비슷하게

의사소통 속의 관계성과 힘의 배분 방식

나누어 가지는 관계, 곧 대칭적인(symmetry) 관계에서는 경쟁적인 분위기가 형성되기도 하지만, 서로 존중하며 타협적인 의사결정을 할 수 있다. 우열이 존재하는 상보적인(complementary) 관계에서는 힘이 강한 사람이 의사결정권을 가지고 있다.

대화에는 디지털 방식과 아날로그 방식이 있다

디지털 대화는 언어로 하는 대화이며 논리적으로 전달된다. 아날로그 대화는 표정, 몸짓, 억양과 같이 신체를 통해서 전달되는 대화, 즉 비언어적 대화로 상징을 많이 수반한다. 이 두 가지의 표현이 불일치할 때 혼란이 오는데 그것을 '혼합 메시지(mixed message)' 또는 이중 메시지라고 한다.

두 사람이 대화를 주고받는 과정에서 메시지가 올바로 전달되고 또한 제대로 이해되기 위해서는 다음과 같은 대화의 특징 내지 의사소통의 원리를 이해할 필요가 있다.

디지털 방식과 아날로그 방식의 대화

2 의사소통의 정의

　보편적으로 '의사소통(意思疏通, communication)'이란 화자(話者)와 청취자 간의 대화를 말한다. 커뮤니케이션의 원래 뜻은 '상호 공통점을 나누어 갖는다.'로, 라틴어 'communis(공통, 공유)'에서 나온 말이다. 그러므로 의사소통이란 두 사람 또는 그 이상의 사람들 사이에서 의사 전달과 상호 유통 내지 상호 교류가 이루어진다는 뜻이다. 따라서 의사소통이란 전달자(송신자)가 수용자(수신자)에게 사실, 생각, 감정을 알려 주고 의사 교류를 통하여 공통적인 이해를 이룩하며 수용자(청취자)의 생각, 감정, 행동이 변화를 일으키도록 영향력을 미치는 일련의 행동이라고 말할 수 있다. 자신의 의사를 표현하는 방법에는 언어적 방법과 비언어적 방법이 있다. 언어적 방법은 인간이 말이나 문자를 사용하는 것이다. 인간이나 동물이 몸짓이나 소리를 통하여 어떤 신호를 보내서 자신의 의사를 전달하는 것은 비언어적 방법이다. 그런데 의사소통에서는 비언어적인 방법이 더 큰 영향력을 미친다. 그러므로 의사소통이란 "개인이 언어적·비언어적 수단을 사용하여 다른 인간, 동물 또는 신 등과 대화하는 행위"라고 말할 수 있다.

한편 '대화(dialogue)'란 '두 사람이 마주 보고 상호 간의 느낌과 사상을 언어로써 주고받는 행위'라고 할 수 있다. 이에 비하여 '스피치(speech)' 또는 '화술(話術)'이란 어떤 목적이나 주제를 가지고 두 사람 이상의 사이에서 이루어지는 비교적 공식적인 대화라고 말할 수 있다. 화술의 경우에는 두 가지 상황이 있다. 첫째, 화자와 청취자가 상호 대면하여 적극적인 상호작용이 일어나는 상황이다. 둘째, 라디오나 TV 연설 또는 결혼식 주례사와 같이 화자가 일방적으로 말하고 청취자는 수동적으로 듣기만 하는 비대면적인 의사소통의 상황이다.

이 책에서는 주로 일 대 일의 대면관계에서 개인의 감정과 생각 등을 서로 표현하며 의견 차이나 갈등을 타협하고 조절하여 풀어 나가는 의사소통, 즉 '기분 좋고 문제 해결적인 대화' 내지 '멋진 대화'의 기술을 다루고 있다. 따라서 이 책에서는 '의사소통'이라는 말 대신에 '대화'라는 용어를 주로 사용하기로 한다.

그렇다면 '멋진 대화'라는 것은 무엇을 의미하는가? 독자들은 저마다 '멋진 대화'에 대한 주관적인 생각을 가지고 있을 것이다. '멋진 대화'라고 하면 감미롭고 시적(詩的)이며, 기분 좋은 표현으로 대화하는 것이라고 생각하는 사람들이 많을 것이다. 가령, "얘들아, 조용히 해라."라고 말하는 대신에 "얘들아, 조용히 해 주면 고

말겠다."라고 표현하는 것을 멋진 대화의 기술이라고 생각할 것이다. 또한 사람들은 한 씨 부인과 흐뭇한 담소를 나눈 다음에 다음과 같이 은유적인 표현을 할 수 있기를 기대할 수도 있다.

"한 씨 부인과의 대화는 빨간 사과를 한 입 물고 씹었을 때처럼 상큼하고 신선했습니다. 부인과 이야기를 나눈 덕분에 저는 오늘 하루 종일 기분이 좋을 거예요."

그렇다. 이렇게 문학적으로 표현하며 기분 좋게 대화할 수 있다면 우리의 관계는 아름답고 감동적일 것이다. 그러나 현실적으로 볼 때 문학적인 언어 구사 능력이 뛰어난 사람은 그리 많지 않다. 또 감미롭고 시적인 표현으로 대화할 상황이나 상대가 많지 않은 것도 사실이다. 많은 사람은 정작 자기가 느끼고 생각하는 바대로 자신을 표현하지 못한 채 살아가고 있다. 그러므로 자신의 감정과 생각을 솔직하게 표현하면서 동시에 상대방의 입장을 이해해 주고 예절을 갖추어 대화할 수 있다면, 그런 사람은 멋진 대화의 기술을 연마한 사람이라고 할 수 있다. 따라서 이 책에서는 '멋진 대화'를 문학적이고 감미로운 표현 방식의 대화라기보다는 서로 마음이 통하고 진실한 마음을 나누는 대화라고 간주한다.

내가 생각하는 '멋진 대화'란 다음과 같다.

- 멋진 대화란 미사여구(美辭麗句)가 아니다.

- 내가 비록 천사의 말을 할지라도 사랑이 없으면 소리 나는 구리와 울리는 꽹과리에 불과하므로 멋진 대화란 말 없이 말이 전달되는 대화다.
- 내 앞에 서 있는 그대를 부드럽게 바라보고 그저 웃어 준다든지 고개를 끄덕이며 나의 친절한 에너지가 전달되면 충분하다.
- 나는 조급하지 않으며 그대의 감정에 보조를 맞추어 공명한다.
- 그대가 슬프면 슬퍼 보인다고 말할 것이다.
- 나는 내 자신에게도 진실하다. 어떤 것을 원하면 그것을 솔직하게 말하는 용기가 있고, 내가 몹시 화가 나 있으면 화가 난다고 말할 것이다. 그러나 마음속으로는 그대의 가슴에 어루만짐을 보내면서.
- 멋진 대화란 그대를 폭군이 되도록 허용하지 않으며, 내가 비굴한 노예로 전락하지도 않는 의연한 자세다.
- 우리 사이에 가끔씩 격한 언쟁이 있고 상처를 주고받는 일이 발생하더라도 끝내는 악수하고 용서와 화해로 만나는 것이다.
- 내가 당신을 하인처럼 취급해서 미안하다고 사과하고, 당신의 가치와 능력을 무시해서 미안하다고 말하는 겸손함이다.
- 우리 이제부터 함께 음악을 듣고 차를 마시며 평화의 아침을 열자고 초대하는 부드러움이다.

- 그대의 표정을 보고, 그 표정 뒤에 숨어 있는 그대의 진짜 모습을 볼 수 있는 제3의 눈이다.
- 그대의 이야기를 듣고 그 말 속에 담겨 있는 진짜의 소리를 들을 수 있는 제3의 귀다.
- 그대가 인생의 소용돌이에서 떨고 있을 때, 그대를 믿는다고 힘주어 말하는 입술이다.
- 비록 이 세상이 모순덩어리이고 슬프고 힘들더라도, 사시 사철 피는 꽃과 바람과 하늘의 별과 태양이 우리에게 빛과 향기와 현란한 색깔을 보내고 있다고 환기시켜 주는 말이다.
- 그대에게 관조(觀照)의 날개를 달아 주어 높은 하늘로 비상(飛翔)하도록 인도하는 스승이다.
- 끝내는 다시 살맛 나는 세상을 힘차게 살도록 춤과 노래를 가르쳐 주는 지혜다.
- 나의 생각이 허망한 물거품처럼 증발되는 것이 아니라 그대의 가슴에 꽂히고 다시 나에게로 돌아오는 메아리다.
- 나의 말은 그대에게, 그대의 말은 나에게 물결의 파장처럼 제대로 전달되도록 우리는 익히고 연습할 필요가 있다.
- 그대와 나의 참만남, 그리고 우리 내면의 기쁨과 자유를 위해 가야 할 길이다.
- 대화는 기술이 아니고 예술이다.
- 대화가 예술로 피어날 때, 그것이 멋진 대화다.

의사소통은 어떻게 이루어지는가

　A씨와 B씨가 대화를 하게 되면 A, B 두 사람은 제각기 자기가 원하는 바, 즉 자신의 욕구와 상대방에 대한 신념과 자아개념 및 사회적 기술의 수준에 따라서 상호작용을 하게 된다. 또 상대방을 대하고 막상 이야기를 끄집어 낼 때는 당시 상대방의 인상에서 풍기는 점에 따라, 다시 말해서 상대방을 보고 느끼는 점에 따라서 대화의 태도와 내용이 결정된다.
　이런 모든 현상을 좀 더 구체적으로 살펴보면 다음과 같다.

우리는 어떤 기대와 동기를 가지고 대화를 시도한다

　사람들은 어떤 욕구를 충족하려는 의도에서 상대방에게 말을 건다. 이것을 전문용어로 '대인동기(對人動機)'라고 한다. 다음 그림에서 아들은 아버지와 친해지고 싶고, 재미있는 시간을 갖고 싶은 동기에서 아버지에게 말하고 있다. 아들은 아버지가 자기와 재

부자간의 대화-대인동기

미있게 놀아 주리라는 기대를 가지고 있다. 한편 아버지는 자녀를 올바로 지도하고, 아버지로서의 권위와 영향력을 행사하려는 동기나 지배 욕구를 가지고 대화하고 있다.

그런데 대인관계에서 마찰을 빚고 갈등을 초래하는 경우를 살펴보면, 자신의 욕구 충족에 대한 강도가 지나치게 강해서 상대방을 불편하게 만드는 경우가 많다. 예를 들면, 타인에게 의존만 하려는 사람이나 타인을 지배만 하려는 욕구가 지나치게 강한 사람은 타인에게 수용되기가 힘들다.

우리는 자기와 타인에 대한 신념에 의거하여 대화를 하게 된다

이것을 전문용어로 '대인신념(對人信念)'이라고 한다. 인간은 자기 자신에 대해 지니고 있는 생각과 신념에 따라서 다른 사람을 대하는 태도가 좌우된다. 자신은 매력 있고 유능한 존재라고 믿는 사람, 즉 긍정적인 자아개념을 가진 사람은 대인관계가 활발하고 자신감 있게 행동한다. 이와 반대로 자신이 무능하고 인기 없는 존재라고 생각하는 사람, 즉 부정적인 자아개념을 가진 사람은 사람들에게 말을 걸거나 어떤 것을 요청하는 일에 소극적이고 자신감이 결여된 행동을 보이게 된다. 한편 나하고 대화하는 상대를 어떤 사람으로 지각하는가에 따라서 내가 그를 대하는 태도와 대화 양식이 달라질 수 있다.

다음 그림을 보자.

부부간의 대화-대인신념

아내의 말을 들어 보면 그녀는 어떤 자아개념을 가지고 있는가? 아내는 자신을 연약하고 자신감이 없는 존재로 보고 있고, 그 결과 남편에게 의지하고 싶은 욕구가 강하다. 그녀는 남편에 대하여 어떤 생각이나 고정관념을 가지고 있는가? 그녀는 남편이 자기와는 달리 힘이 있고 자신을 도와줄 수 있는 존재라고 생각한다.

그런데 남편의 말에서 나타난 것을 보면, 남편은 자신을 연약한 사람이라고 간주하고 있고, 아내는 자기에게 부담을 주는 성가신 존재라고 생각하고 있다.

이처럼 자기와 타인을 보는 관점이나 신념에 따라서 우리의 태도와 대화 양식이 달라질 수 있다.

대인신념에 의한 대인행동의 분류		자신의 능력에 대한 신념	
		강한 자기	약한 자기
상대방의 호의에 대한 신념	호의적인 사람	확신형	의존형
	적대적인 사람	수용형/반항형	무기력형

* 출처: 젊은이를 위한 인간관계의 심리학(권석만, 2004)

앞의 '대인신념에 의한 대인행동의 분류' 표에 나타난 첫째 유형은 확신형이다. 이런 유형은 자신은 능력이 있고 타인은 호의적이라는 신념을 지닌 사람들이다. 이런 사람은 긍정적인 자아개념을 가지고 주도적으로 대인관계를 맺어 간다. 둘째 유형은 수용형/반항형이다. 이런 사람들은 자신은 능력이 있지만, 타인은 적대적이라는 관념을 지닌 사람들이다. 수용형은 대인관계의 불만을 조용히 참는 방식으로 나오지만 내면적으로는 자신감이 있다. 반항형은 적개심을 표현하는 방식으로 나온다. 이들은 대인관계에 문제가 생기면 타인을 탓하는 경향이 있다. 셋째 유형은 의존형이다. 자신은 능력이 없고, 타인은 호의적이라는 신념을 지닌 사람들이다. 대인관계에서는 소극적이고 수동적이다. 넷째 유형은 무기력형이다. 자신은 힘이 약하고, 타인은 적대적이라는 관념을 지닌 사람들이다. 이들은 대인관계에는 대해 긍정적인 기대를 거의 갖지 못하기 때문에 무기력하며 우울증이나 부적응적 증상을 보이기 쉽다.

대인관계에서 적응을 잘하지 못하는 사람들은 일반적으로 자신의 능력이나 타인의 호의에 대하여 지나치게 경직되고 왜곡된 관념을 가지고 있다.

사회적 기술의 수준에 따라 대화의 성패가 좌우된다

인간관계를 성공적으로 이끌어 갈 수 있는 기술은 대인기술(對人技術) 또는 사회적 기술이라고 한다. 이것은 자신의 의사와 감정을 표현하는 기술이다. 이러한 사회적 기술 내지 대화 능력은 기본적으로 성장 과정 중에 습득된다. 사회적 기술이 부족한 사람은 타인에게 호감을 주도록 자신을 표현하는 일에 서투르며, 상대방에게 적절하게 반응하지 못한다. 가령, 사람을 만나면 무슨 말을 해야 할지 난처해하며 화제를 찾지 못하는 사람이 있다. 또 상대방의 이야기를 진지하게 경청하지 못하고 자기 멋대로 화제를 돌리거나 부적절한 화제를 내놓기도 한다.

우리는 상대방을 보고 느끼는 바에 따라서, 곧 지각하고 사고하는 바에 따라서 대화한다. 예를 들어 보자. 당신은 옛날 친구인 지웅이가 몹시 보고 싶다. 당신은 그 친구를 좋아한다. 그 친구는 사업에 성공하여 아주 잘나가고 있고 당신은 평범한 월급쟁이 신세다. 당신은 사무실에 잠깐 들르겠다고 친구 지웅이에게 미리 전화를 하고 찾아갔다. 으리으리한 사무실에서 지웅이는 심각한 표정으로 통화를 하고 있다. 지웅이는 찡그린 얼굴로 당신을 보는 둥 마는 둥 하더니, 손짓으로 소파에 앉으라고 신호를 하고서도 한참을 통화한다. 당신은 이렇게 단정한다. '이 친구가 별 볼일 없는 내 모습을 보고 별로 반가워하지 않는구나. 그러면 그렇지. 출세한 사람들이 순수한 우정 같은 걸 얼마나 생각하겠어? 내가 순진한 거지.' 그래서 어떤 말을 건네게 되었을까? "어이, 나 왔네, 참 오래간만이야. 반갑네."라고 말하는 대신에 "자네 몹시 바쁜가 보군. 내가 공연히 바쁜 시간에 찾아와 방해를 해서 미안하네. 다음에 연락하세."라고 말할지도 모른다. 그리고는 자기가 이제는 더 이상 환영받는 친구가 아니라는 생각으로 씁쓸하게 사무실 문을 닫고 나올지도 모른다.

옛날 친구 지웅이에 대한 당신의 생각은 정확한 것일까? 사람들은 타인을 바라볼 때 그 사람을 객관적으로 보는 것이 아니다. 자신의 과거 경험과 연관지어서 바라보거나, 선입견이나 고정관념

친구 간의 대화: 대인지각에 따른 사고

으로 판단한다. 그리고 만나는 사람이 보여 주는 한두 가지의 특성을 가지고 그 사람의 전체 인상으로 지각하여 판단한다. 당신의 눈과 귀는 TV 카메라처럼 어떤 특정한 이미지만을 확대하여 전체 인상으로 받아들이고, 나머지는 생략하거나 최소화한다. 그리고 당신의 머리는 영상(스크린)이 되어 현실을 여과(濾過)하고 편집하여 본다. 그 영상은 가끔씩 초점이 맞지 않는다. 여기에서 오류가 발생하는 것이다.

상대방과 올바른 관계를 맺기 위해서는 상대방의 의도를 사실대로 지각(知覺)할 수 있어야 한다. 그러니까 내가 어떤 식으로 상대방을 지각하고 있는가? 혹시 판단의 왜곡현상으로 오해가 있지는 않은가? 이런 점을 잘 인식할 수 있어야 한다.

두 사람 사이에 의사소통이 일어날 때는 앞에서 언급한 모든 요인이 복합적으로 작용하여 이루어지는 것이다. 그것을 그림으로 표시하면 다음과 같다.

의사소통의 요소

그림에서 보면 청년과 아가씨가 서로 좋아하고 있는 것으로 보인다. 청년은 호감을 느끼고 있는 아가씨를 보자마자 몹시 반가워하고 있다. 그런데 아가씨는 자신의 내심과는 달리, 샐쭉한 반응을 보이고 있다. 왜 그럴까? 어쩌면 그녀는 청년이 오래 전에 자기에게 전화해 주기를 기대하고 기다렸을지도 모른다. 또 우연히 부딪친 장면에서 데이트를 신청하는 행동을 보고, 그가 불성실하다는 생각(신념)을 가지게 되었는지도 모른다. 그런데 그녀의 판단은 과연 정확한 것일까? 우리는 이 점을 인식할 필요가 있다.

4. 의사소통의 문제점

그렇다면 어떻게 의사소통하는 것이 옳은 방법인가? 그리고 대화가 통하지 않는 것은 구체적으로 어떤 문제점이나 결함이 있는 경우인가?

분명히 두 사람 사이에 말은 주고받았건만, 경우에 따라서는 의사전달이 잘 되기도 하고 그렇지 않기도 한다. 두 사람 사이의 대화에서 발생하는 특징적인 문제점을 말하는 사람과 듣는 사람, 각각의 측면에서 살펴보자.

말하는 사람(송신자)의 문제

① 미숙한 대인관계 능력

어떤 사람은 자신의 가족 이외의 사람을 무조건 부담스럽게 느끼고 관계 맺기를 회피한다. 그리고 누군가가 상냥하게 목례를 하거나 말을 걸어오더라도 로봇처럼 전혀 반응을 보이지 않는다. 이런 사람들은 성장 과정에서 충분한 인간관계적 상호작용을 경험하지 못한 경우가 대부분이다. 그래서 성인이 되어서도 그 결함이 그대로 유지되고 있다고 볼 수 있다. 또 어떤 사람은 상대방의 질문에는 대답하지 않고, 자기가 할 말만 되뇌는 식으로 대화하기도 한다. 그러니까 일방통행식 대화일 뿐이고, 최소한의 의사 교류나 상호작용이 일어나지 않는 것이다. 이런 사람과 대화하게 되면 몹시 답답하게 느껴질 것은 당연하다.

② 미숙한 메시지 전달 능력

간단명료하게 자기 의사를 전달하지 못하는 사람도 있다. 대화 기술이 서투른 것이다. 독고 여사의 말을 들어 보자.

"여보, 오늘 저녁에 혹시 무슨 일 있어요? 혹시 누구하고 저녁 약속이 있는가 하고요. 나도 한 달 전부터 친구가 ○○에서 온다고 그랬거든요. 그런데 그 친구가 여태까지 소식이 없다가 오늘 전화를 했어요. 내일 만났으면 좋겠는데 내일은 할 일이 많아서 시간이 안 된대요. 기어코 오늘 저녁에 만나자고 해요. 하필이면 저녁 시간에……. 그래서 내가 △△식당으로 가야 하거든요. 당신 밥 걱정 때문에 내가 부지런히 국 끓여 놓고 반찬 그릇은 쟁반에 담아서 냉장고 안에 잘 넣어 놓았거든요. 국만 데우면 되요. 밥은 전기밥솥 속에 있고……. 그러니까 내가 안 그러려고 했는데, 친구 때문에 별 수 없군요. 나, 지금 곧 나가 봐야 하거든요. 아이고,

화장도 해야지, 신발도 찾아서 닦아야지, 바빠서 미치겠네. 하여튼 사정이 그렇게 되었어요. 당신이 혹시 약속이 없어서 그냥 집에 오게 되면, 그러니까 내 말은 저녁 준비가 다 되어 있으니까 걱정하지 말라는 거예요. 당신이 냉장고에서 반찬 그릇을 꺼내고 국은 데우고 밥은 전기밥솥에서 퍼서 차려 먹으면 돼요. 나 지금 곧 나가야 해요. 여보."

이 말을 끝까지 들어야 하는 남편의 고충을 생각해 보라. 독고 여사는 자기가 말을 하게 되면 많은 경우에 상대방이 눈살을 찌푸리고 못마땅한 표정으로 듣거나, 자기 말을 중간에 가로채는 경향이 있다는 것을 경험하였을 것이다. 그래서 독고 여사는 남편이나 사람들이 자신을 무시한다고 하면서, 섭섭해하고 화를 낸다. 그러나 독고 여사가 정작 해야 할 일은 자신의 의사소통 양식을 점검해 보는 것이다. 그녀 쪽에서 대화 방식을 개선하게 되면 상대방에게서 기분 좋고 정중한 반응을 얻어 낼 수 있다.

또 어떤 사람은 도대체 무슨 말을 하는지, 의도가 무엇인지 제대로 파악할 수 없을 정도로 횡설수설하기도 한다. 불분명한 말투와 화술의 부족은 말하는 사람의 의사를 왜곡시킨다.

③ 혼합 메시지의 사용

사람들은 기쁠 때 "아유, 좋아!"라고 말하면서 기쁜 표정과 고조된 억양으로 표현한다. 그런데 "엄마가 크게 다치셨어요. 곧 병원에 가 보아야 해요."라고 말하면서 미소 짓는 사람이 있다고 하자. 그의 미소를 보고 우리는 그가 어머니가 다친 것을 과연 슬퍼하는지 확실하게 알 수가 없다. 그러므로 언어적·비언어적으로 불일치한 메시지, 즉 '이중 메시지'내지 '혼합 메시지'는 문제점을 안고 있다. 혼합 메시지를 받은 사람들은 대체적으로 전달자의 참된 의도를 비언어적 단서에 의존해서 파악한다.

대화자는 이 점을 잘 알고 있어야 한다. 그리고 사람들은 언어를 통하여 의사소통하는 것 같지만, 사실은 대부분의 의사소통이 비언어적으로 이루어진다는 점에 유의해야 한다. 우리가 잘 알다시피, 한마디 말이 없더라도 눈을 껌벅껌벅한다든지 찡긋거리는 것은 수신자에게 '경고'의 의미로 전달된다. 윙크하면 '너를 좋아해'로, 검지손가락을 입에 대면 '조용히'로, 고개를 갸우뚱하면 '글쎄' 또는 '이상한데'로, 얼굴을 찌푸리면 '너를 싫어해'로, 높고 강한 목소리는 '나, 지금 화났어'로 전달된다.

④ 오해와 편견, 즉 대인지각의 오류

의사소통의 또 다른 문제점은 송신자의 심리 상태와 주관적인 견해가 오해와 편견으로 기울어 있기 때문에 메시지의 정확한 전달을 방해한다는 것이다. 예를 들어 보자.

안미라 양은 미국에서 대학을 다니고 있다. 최선을 다하여 좋은 성적을 얻고 장학금을 받으며 공부하고 있다. 그런데 스미스 교수가 가르치는 학과목은 토론과 발표가 성적의 20%를 차지하는데 그 학과목에서 B학점을 받게 되었다. 장학금을 계속 받으려면 A학점을 받아야 한다. 그녀는 자신의 성적이 월등한데 스미스 교수가 유색인종을 차별 대우하기 때문에 억울하게 불이익을 받게 되었다고 믿는다. 안미라 양은 B학점을 만회할 수 있는 기회를 달라고 요청해 보고 싶은 마음으로 스미스 교수를 찾아갔다. 미라 양이 스미스 교수에게 하고 싶은 말은 다음과 같다.

"선생님, 저는 최선을 다해 시험을 보았습니다. 그런데 B학점이에요. 제가 장학금을 받기 위해서는 꼭 A학점을 받아야 해요. 제가 동양인이라 비록 토론과 발표 능력은 미국 학생들보다 떨어질지 모르지만, 전 모든 것을 이해하고 있습니다. 공부도 많이 했어요. 저에게 별도의 과제물을 더 주셔서 제 성적을 만회하게 해 주세요. 기회를 한 번 더 주세요. 네?"

이렇게 호소했더라면 스미스 교수가 안미라 양의 요청에 응해 줄 가능성이 높았을 것이다. 그런데 미라양의 입에서 나온 말은 이렇다.

"선생님, 제가 장학금을 타려면 A학점을 받아야 해요. 저는 최선을 다해서 시험을 보았습니다. 그런데 B학점이에요. 제가 동양인이기 때문에 저의 토론과 발표 점수가 불리하게 작용한 것 같아요. 동양인이라 제가 불리할 수밖에 없겠지요? ……그래서……, 저…….."

이렇게 뒷말을 흐리게 하고 이야기를 끝맺은 안미라 양의 호소에는 강력한 요청의 메시지가 빠져 있다. 오히려 스미스 교수의 B학점 판정이 공정하다고 미라 양도 맞장구를 치는 인상마저 든다. 이것은 스미스 교수는 유색인종을 차별 대우하는 사람이며, 그의 사상을 자기가 바꿀 수 없을 것이라고 미라 양이 지레짐작했기 때문이다. 그리고 내심으로는 아마 자신의 요청이 틀림없이 거부되리라는 선입견을 가지고 임했기 때문이다. 카리스마를 가진 사람에게 송신자가 자신의 소신을 말하려고 말을 끄집어냈다가 결국은 강한 카리스마에 압도되어, 그의 의도에 맞장구치거나 비위를 맞추는 말로 끝맺는 경우가 여기에 해당된다. 그러니까 자신의 말은 자신의 왜곡된 신념에 따라서 영향을 받는다.

듣는 사람(수신자)의 문제
① 경청의 문제

상대방의 이야기를 들을 때 건성으로 듣거나 경청했는지조차 의심될 정도로 무성의한 태도를 보이는 사람들이 있다. 서너 차례 이야기해야 비로소 관심을 보이는 척하는 사람들과는 대화하기가 힘들다.

② 부정확한 피드백

수신자는 송신자의 이야기를 듣고 반응할 때 송신자의 의도를 정확하게 파악하지 못하는 수가 많다. 자기가 임의로 해석한 대로 반응을 보내거나 자기에게 유리한 내용만 경청한 다음에 그것에 대해서만 반응하는 경우가 있다. 이런 경우도 원활한 의사소통이 이루어지지 않는다.

　남편 염소원 씨와 부인 정한나 여사의 대화를 엿들어 보자.

부인: 여보, 이번 달에는 지출할 것이 너무 많아요. 지석이와 지원이의 학원비도 내야 하고, 또 아이들 옷도 사 주어야 해요. 계절이 바뀌니까 나도 옷을 한 벌 사 입어야지, 마땅한 외출복이 없네요. 당신이 땀 흘려 일하시는 것은 잘 알아요. 고생 많이 하시죠. 그런데 어쩔 거예요. 생활비에다 과외비로 또 이렇게 돈이 더 필요해요. 당신은 나더러 무슨 돈을 그렇게 많이 쓰냐고 하시는데, 보세요. 다 쓸 곳이 있잖아요. 게다가 당신은 매번 필요한 돈을 다 주지 않아서 참 힘들어요. 가령, 100만 원 필요하다면 80만 원 주고 그것도 한꺼번에 주지 않고 꼭 나누어서 주잖아요. 물론 당신이 많이 수고하시죠. 그건 우리 아이들이랑 내가 다 잘 알고 있어요. 하지만 돈 얘기할 때마다 내가 얼마나 불편한 줄 아세요? 내가 헛돈을 쓰는 것도 아니고, 꼭 써야 할 곳에 쓰는데……. 제발 지출할 돈을 한꺼번에 주세요. 당신에게 돈을 타 쓸 때마다 꼭 제 마음을 상하게 하지 말고, 제발 신경 좀 써 주세요.

남편: …….

아내: 여보, 내 말 들려요?

남편: 그래 알았어요. 그러니까 당신 말은 내가 식구들 먹여 살리느라고 고생을 많이 한다는 것 아니요?

아내: 물론 그렇죠. 그런데 내가 그 말 뒤에 또 무슨 말을 했지요?"

남편: 글쎄, 또 돈이 필요하다는 것 아니요. 얼마 달라고? 80만 원?"

아내: 아유 참! 내 마음을 제발 알아줘요. 내 마음을……. 당신에게 돈을 타 쓸 때마다 꼭 제 속을 상하게 하지 말고 제발 신경 좀 써 주어요.

남편: 알았어요.

아내: 내가 원하는 것이 무엇이라고 했어요?

남편: 요컨대, 나더러 무조건 돈을 많이 달라는 것 아니요?

아내: 내가 언제 무조건 돈을 많이 달라고 했어요?

남편: 그런 말이 아니었던가? 그럼 됐어요. 나 이제 나가 봐도 되지? 난 당신이 또 돈타령하는 줄 알았지.

아내: *(긴 한숨)*

정한나 씨와 염소원 씨가 돈에 대한 이야기를 나누고 있는 것은 사실이다. 그러나 정 여사의 의도는 남편이 자기에게 돈을 많이 주어야 한다는 것이 아니었다. 남편은 아내의 마음을 헤아려 보려고 하지 않는다.

③ 왜곡된 인지 체제와 감정적 반응

송신자가 메시지를 전달할 때 자신의 선입관이나 편견을 섞어서 이야기함으로써 의사소통에 장애를 가져오는데, 이와 유사한 대화장애가 수신자에게서도 발생한다. 수신자의 과거 경험에 따른 오해나 왜곡된 인지, 또는 그릇된 지각 때문에 송신자의 메시지를 잘못 이해하고 수용하는 경우가 허다하다. 이것은 '지레짐작하기(mind reading)'에 해당된다. 예를 들어 보자.

진 씨는 하루 종일 운이 나빴다. 출근 시간에 가벼운 접촉사고를 당하여 중요한 브리핑 시간에 지각하였고, 사장은 화를 내었다. 오후에는 유별나게 A/S 고객들의 항의 전화가 많이 쇄도하여 힘이 들었다. 집에 돌아온 진 씨는 아무와도 이야기하지 않고, 조용히 쉬고 싶었다. 그런데 식탁에 앉자마자 아내는 다음과 같이 말한다.

"여보, 또 뭐가 그리 맘에 안 들어요? 내가 애써 이것저것 반찬을 해 놓으면 제발 칭찬 한마디 해 주면 안 돼요? 밤낮 찡그리고 못마땅하게만 생각하니 내가 뭘 그리 잘못했단 말이에요?"

진 씨의 무표정한 얼굴과 찡그린 양미간을 보고, 부인은 오해하고 있다. 부인은 자신의 감정에 의거하여 남편의 마음을 주관적으로 판단하기 때문에 이런 오류가 발생한 것이다.

의사소통이 원활하면
대인관계도 좋아진다

1
키슬러의 대인관계 양식

2
호나이의 기본적 갈등과 포용적 대처 방식

3
사티어의 역기능적 의사소통 방식과 일치형의 대화

* 키슬러의 대인관계 양식 검사

내가 사람들과 관계를 맺고 대화를 주고받는 양식은 일반적으로 내가 나 자신을 어떤 사람이라고 생각하는가와 밀접한 관련이 있다. 그리고 상대방을 포함해서 세상 사람들을 바라보는 나의 일반적인 관점에 따라서 좌우된다. 다시 말해서, 자신에 대한 개념과 세상 사람들에 대한 관념이 대인관계의 태도에 영향을 미치고 그것은 일정한 대인관계의 양식으로 굳어진다. 그래서 어떤 사람들의 대인관계 양식은 매우 적응적이고 만족스러운데, 어떤 사람들은 부적응적이어서 자신과 주변 사람들에게 많은 불편과 문제를 야기하는 형태를 보이기도 한다. 인간관계에서 자신을 나타내는 양식은 공격적·소극적·주장적으로 대별될 수 있다. 자신의 의사와 욕구를 강압적인 방식으로 표출하는 사람은 공격적이라 한다. 공격적인 성향의 인간은 승패적 관점에서 사람들을 대하고, 자신은 승리해야 한다는 입장을 취한다. 그런 저돌적인 자세로 살다보면 그의 얼굴은 자기도 모르는 사이에 딱딱하게 경직될는지도 모른다. 한편 대인관계에서 자기 입장보다 상대방의 입장을 배려한 나머지, 번번이 손해를 보는 삶을 사는 사람은 소극적 또는 비주장적이라 한다. 비주장적인 성향의 인간은 상대방의 눈치를 살피고 자기 쪽에서 쉽게 희생하고 양보하는 쪽을 선택한다. 그러고 나서 세상과 사람들을 원망하고 불만 속에 살아간다. 욕구 좌절과 억울한 감정이 쌓이다 보면 대인관계도 원만하지 못할 뿐만 아니라 체념적이고 우울한 인상이 그의 얼굴에 드리워질 수 있다.

우리는 공격적이지도 않고, 소극적이지도 않으며, 자기 의사를 확실하게 표현하되 상대방의 입장도 배려해 주는 태도로 인생을 살고 싶어 한다. 자신과 상대방 모두가 승자가 되며, 서로가 만족할 수 있는 방안을 탐색하는 태도로 대화하는 사람은 주장적인 사람이다. 주장적인 사람은 솔직하게 자기 표현하기에 상대방이 그의 눈치를 살피느라 신경 쓰지 않아도 된다. 주장적인 사람은 상대방의 인권과 욕구를 표현하도록 허용해 주기 때문에 편안하게 말할 수 있는 사람이다. 다시 말해서 민주적인 태도로 일하는 그는 잔잔한 미소와 품위와 애정이 배어 있는, 아름다운 얼굴의 소유자가 될 수 있다.

우리가 그런 멋진 인격자로서 늙어 가기를 원한다면, 원활한 의사소통의 기술을 터득해야 한다. 이처럼 대인관계 양식은 그대로 의사소통의 형태로 반영되므로, 이 장에서는 간단히 대인관계의 일반적인 유형을 살펴보기로 하겠다.

❝ 키슬러의 대인관계 양식

키슬러(Kiesler)에 따르면 대부분의 사람은 자기만의 독특한 성격이나 대인관계의 유형이 있으며 그런 특성은 일관성 있게 지속된다고 한다. 그는 대인관계의 양식을 크게 힘의 차원, 즉 지배-복종의 차원과 친밀성의 차원, 즉 친화-냉담의 차원으로 구분하였다. 그리고 이들 차원과 관련하여 지배형, 실리형, 냉담형, 고립형, 복종형, 순박형, 친화형, 사교형의 여덟 가지 대인관계 유형으로 세분화하였다.

	지배형		
냉담형	실비형	사교형	친화형
	고립형	순박형	
	복종형		

키슬러의 대인관계 양식의 원형구조
* 출처: 젊은이를 위한 인간관계의 심리학(권석만, 2004)

유 형	특 징
1. 지배형	- 자신감이 있고 자기주장이 강하며 지도력 있음 - 논쟁적, 독단이 강하여 대인 갈등을 겪을 수 있음 - 타인의 의견을 경청하고 수용하는 자세가 필요함
2. 실리형	- 이해관계에 예민하고 성취지향적임 - 경쟁적 · 자기중심적 · 타인에 대한 관심과 배려가 부족함 - 타인의 입장을 배려하고 관심을 갖는 자세가 필요함
3. 냉담형	- 이성적인 의지력이 강함 - 타인의 감정에 무관심, 거리감, 피상적 대인관계 - 타인의 감정 상태에 관심을 가지고 긍정적 감정을 부드럽게 표현하는 기술이 필요함
4. 고립형	- 혼자 있거나 혼자 일하는 것을 선호함 - 사회적 상황을 회피, 자신의 감정을 지나치게 억제함 - 대인관계의 중요성을 인식하고 타인에 대한 비현실적인 두려움의 근원에 대해 깊이 성찰해 볼 것
5. 복종형	- 타인의 의견을 잘 듣고 따름 - 수동적 · 의존적 · 자신감이 없고 자기주장성이 떨어짐 - 적극적인 자기 표현과 자기주장이 필요함
6. 순박형	- 단순, 솔직, 너그럽고 겸손한 경향 - 자기 주관이 부족함 - 타인의 의도를 헤아려 보고 행동하는 신중함과 자신을 주장하는 노력이 필요함
7. 친화형	- 따뜻하고 인정이 많고 자기 희생적임 - 타인의 요구를 거절하지 못함 - 타인을 즐겁게 하려고 지나치게 노력함 - 타인과의 정서적 거리를 유지하려는 노력이 필요함
8. 사교형	- 외향적이고 쾌활하며 대화하기를 선호함 - 인정하는 욕구가 강함 - 타인에 대한 관심이 많아서 간섭하는 경향이 있고, 흥분을 잘하고 충동적임 - 심리적으로 지나친 인정 욕구가 있고, 그 근원에 대한 통찰이 필요함

키슬러의 대인관계의 양식의 8가지 유형

당신의 대인관계 양식은 어느 유형에 해당될까? 이 장의 뒷부분에 첨부된 대인관계 양식 검사를 체크하고 나서, 채점 결과에 따라 그림을 그려 보면 알 수 있다.

호나이의 기본적 갈등과 포용적 대처 방식

개인이 보이는 대인관계의 특성이라고도 볼 수 있는 대응 방식은 타고난 성격과 관련이 있겠지만, 대체로 부모에게서 양육받은 경험에 따라 크게 좌우되고 형성된다.

호나이(Horney)는 유아가 부모와의 관계에서 애착과 안정감의 욕구가 충족되지 않을 때, 있는 그대로의 자기 자신은 무언가 잘못되었다고 느끼고 사랑과 인정을 받고자 애써 노력하는 상태를 '기본적 갈등(generic conflict)'이라고 하였다.

기본적 갈등을 경험한 아이는 부모, 형제를 포함한 사람들과의 관계에서 자신의 심리적 욕구를 자연스럽게 발산하거나 바람직한 관계를 형성하지 못한다. 자신의 안전에 대한 욕구가 너무 강렬하기 때문에 대인관계의 양식은 융통성이 없고 강박적인 특징을 보인다. 그는 무의식적으로 인간관계에서 느끼는 불안을 조금이나마 줄여 주고 사랑과 인정을 받으려는 욕구를 부분적으로나마 만족시켜 준 과거의 반응 양식을 계속하는 경향이 있다. 그러한 불완전한 해결 방식은 그의 인간관계의 특성이 되어 일생 내내 지속되기도 한다.

호나이는 이러한 부적응적 대인관계의 형태를 순응적 대처 방식, 회피적 대처 방식, 공격적 대처 방식, 포용적 대처 방식으로 분류하였다. 이들을 살펴보면 다음과 같다.

순응적 대처 방식

순응적(moving toward) 대처 방식을 사용하는 사람은 겉으로는 협동적이고 친화적으로 보인다. 그러나 자기주장이나 솔직한 의사표현을 하지 못한다. 특히 화를 잘 내지 못한다. 아동기에 따뜻한 수용과 지지, 배려를 경험하지 못한 사람은 성인이 되어서도 무엇보다도 일단은 타인을 기쁘게 함으로써 사람들에게서 애정과 인정을 얻으려고 한다. 그 대가로 자기가 진정으로 원하는 것을 희생한다.

회피적 대처 방식

회피적(moving away) 대처 방식을 사용하는 사람은 타인과 친밀한 관계를 갖고 싶은 욕망이 간절하면서도 거부당할까 두려워서 가능한 한 사람들과 일정한 거리를 둔다. 자기 쪽에서 사람들을 거부하므로 대인관계에서의 욕구 충족의 문제는 항상 미해결 상태로 남아 있고, 삶의 반경(半徑)은 협소하다.

공격적 대처 방식

공격적(moving against) 대처 방식을 사용하는 사람은 대인관계에서 타인과 심하게 충돌하거나, 경쟁적이다. 또 소극적으로 반항함으로써 자기와 타인을 통제하려고 한다. 이러한 행동은 타인이 자신을 거부하게 만드는 결과를 가져온다.

포용적 대처 방식

적응적 인간은 갈등적인 대인관계의 상황에서 순응적이거나 회피적이거나 공격적인 형태로 일관하지 않는다. 다시 말해서, 무조건 과거의 방식으로 현재의 상황에 대응하는 것이 아니다. 적응적 인간은 자기가 원하는 것을 올바로 인식하고 말할 수 있으며, 상대방의 마음 상태도 올바로 지각할 수 있다. 즉, '지금-여기'의 현실을 있는 그대로 바라본다. 이것을 '지피지기(知彼知己)'라고 한다. 그리고 거기에 맞추어 유연하게 대응한다. 부적응적 인간은 반응적(reactive)인 대처 방식을 취하는 데 반하여, 적응적인 인간은 주도적(proactive)이고 적극적(active)인 대처 방식을 취한다.

성숙한 사람은 갈등관계에 있는 상대방을 적으로 간주하여 배척하는 것이 아니라, 그와 함께 씨름하면서 자신의 세계 안에 포용하고 갈등과도 하나가 되려고 노력한다. 포용적 대처 방식에서는 승리와 패배의 이분적인 개념이 사라지고, 그 두 가지를 모두 받아들이는 것이다. 그리하여 궁극적으로는 자신과 상대방이 모두 만족하고, 양자가 모두 승자가 될 수 있는 길을 모색한다. 따라서 나는 호나이가 말하는 역기능적인 대처 방식과 대비하며, 적응적이고 기능적인 대처 방식을 '포용적(moving around)' 대처 방식이라고 명명하였다.

포용적 대처 방식이란 어떤 것을 말하는가? 가령, A와 B의 싸움에서 힘이 우세한 A가 힘이 약한 B를 제압하여 승리를 거둔다고 하자. 포용적인 자세의 A는 B를 무자비하게 짓밟는 승자가 아니라, B에게 관용을 베푸는 승자로 임할 수 있다. 그런데 문제는 힘이 열세인 B가 어떻게 하면 힘이 강한 A에게 함몰되지 않고서, 강한 A를 포용하여 A, B가 똑같이 승승(win-win)할 수 있을 것인가 하는 것이다. 약자인 B가 주장적 자기 표현을 할 수 있다면, 그는 싸움에서 진 것을 원망하며 세상과 사람을 증오하고 자포자기만 하지는 않을 것이다. 오히려 자신의 패배를 수용하고 상대방의 승리를 용납하되, 승자인 A와 대화하고 타협하려고 연구하는 자세를 취할 수 있다. 이것을 도식으로 표시하면 다음 그림과 같다.

호나이의 대인관계 대처 방식과 포용적 대처 방식
* 출처: 상담의 과정(홍경자, 2001)

3
사티어의 역기능적 의사소통 방식과 일치형의 대화

가족치료의 이론가인 사티어(Satir)는 가족 간에 보이는 부적응적 대처 방식은 역기능적 의사소통의 형태로 표출된다고 하였다. 사티어에 따르면 모든 대화의 근본 메시지는 '나를 알아주세요(Validate me).'라는 것이다. 그는 가족 간의 상호작용에서 스트레스가 심할 때 오로지 자신을 방어하기 위하여 사용하는 방식이 곧 역기능적 의사소통이라고 하였다. 역기능적 의사소통은 회유형, 비난형, 초이성형, 산만형의 대화 형태로 나타난다고 한다. 여기에서 회유형은 호나이가 말하는 순응적 대처 방식에, 산만형은 회피적 대처 방식에, 비난형은 공격적 대처 방식에 비유할 수 있다. 한편, 적응적이고 기능적인 의사소통은 일치형의 형태로 나타난다고 사티어는 말한다.

회유형

회유형(placating) 인간은 상대방을 존중해야 한다고 생각하여 자기 감정을 무시하고 상대방에게 쉽게 동의하며 순종적으로 임하는 예스맨(yes-man)이다. 자신의 욕구를 표현하지 못하고 억압하  며 자신은 별 게 아니라는 생각을 가지고 있어서 자기가치감이 낮다. 그리고 중요한 타인을 통해서만 자신의 의미를 찾으려 한다.

비난형

 비난형(blaming) 인간은 완고하고 독선적이며 명령적으로 군림한다. 자신의 힘과 우월성을 과시하려는 욕구가 강하고 무조건 자신의 생각이 옳다는 식의 흑백논리가 강하며 상대방을 무시한다.

초이성형

초이성형(super-reasonable) 인간은 매사를 합리적 사고에 근거하여 따지고 지나치게 상황적으로 분석하며 기능적인 면에 강조점을 둔다. 다른 사람의 실수를 인정하지 않고 냉정하다. 또 세상과 사람

들을 신뢰하지 않고 권위적이며 경직되어 있다.

산만형

산만형(irrelevant) 인간은 어떤 갈등과 문제가 발생한 상황에서 마치 아무런 문제가 없는 것처럼 장난을 치고 바보 같은 짓을 하며 공연히 바쁜 듯이 다른 일에 몰두한다. 그리고 초점이 없는 말을 하고 위선적이며 문제 해결 능력이 결여되어 있다.

일치형

역기능적이고 부적응적인 의사소통에 비하여, 적응적이며 효율적인 의사소통 방식은 일치형이다. 일치형 인간은 언어적·비언어적으로 일치한(congruent) 형태로 의사소통한다. 자기 자신이 중심이 되어 다른 사람과 관계를 맺고 접촉하며 자신, 타인, 상황을 모두 고려하여 반응한다. 예를 들어, 내가 지금 당장 ~이 필요한데 가족이 그것을 충족시켜 주지 않으면 "나는 ~을 원한다. 그런데 내 뜻을 들어 주지 않아 몹시 섭섭하다."라며 말과 표정을 일치하여 표현할 수 있다.

네 가지의 역기능적 의사소통을 도식화하면 다음 표와 같다.

	회유형	비난형	초이성형	산만형
언어적 표현	"제가 잘못했어요." "난 오로지 널 위해서 산다." "당신이 없으면 큰일이에요."	"모두가 네 잘못이다." "넌 제대로 하는 게 없다." "문제가 뭐냐?"	주어를 생략함(규칙과 옳은 것만 언급), 추상적이고 긴 설명	초점이 없는 대화, 주제가 바뀜, "그대로 놔두라."(내버려 두라.)
정서 반응	구걸하는 느낌, 자신 없는 목소리, 자세	"내가 대장이다."	냉담한 마음, 조용하고 경직된 자세	혼란스러움, 마음은 콩밭에 있음
행동	사리, 변명, 양보, 우는 소리, 순교적, 모든 것 제공	공격적, 명령적, 약점 발견	권위적, 원칙주의, 의도적, 조작적	계속해서 움직이고 비스듬히 앉음, 주의 산만함, 부산함, 공연히 끼어들어 주의를 끎
내적 경험	"난 아무 가치도 없어!"	"난 외로운 실패자다." "난 세상의 피해자다."	"나는 외롭고 상처 받기 쉽다." 감정의 동요와 통제의 상실이 두렵다.	"이곳은 내가 설 자리가 아니다(무가치)." "아무것도 상관하지 않겠다(무관심)."
심리 상태	신경과민, 우울증, 자기연민, 자살 경향	과대망상, 일탈적 성향	강박적, 긴장되고 반사회적, 사회적 고립	혼돈, 어색함, 정신병적 경향성
신체적 증상	소화기관장애, 변비, 편두통	혈액순환장애, 고혈압, 관절염, 근육통, 천식	심장과 근육의 경직, 건조성, 암, 임파, 점액 질환	신경계통장애, 편두통, 위장장애, 메스꺼움, 변비, 당뇨
초점	자신을 무시, 상황과 타인을 중시	다른 사람은 무시, 자기와 상황은 중시	자기와 타인은 무시, 상황만 중시	자기, 타인, 상황을 모두 무시
강점 (자원)	배려와 민감성	강한 자기주장	지적 능력과 논리성	낙천성, 창의력
치료 목표	① 자기 지각하기, 자신의욕구, 감정, 경계선, 책임의 인식 ② 주장훈련 ③ 분노조절훈련	① 인지적 왜곡의 교정 ② 자기 감정의 통찰과 감정 조절 ③ 정확한 규칙의 설정 ④ 경청훈련	① 비언어적 표현에 대한 통찰력 ② 신체이완훈련 ③ 공감훈련	① 감수성훈련-감정의 인식, 신체접촉 ② 주의집중하기-명상, 정관(관조) ③ 주장훈련

사티어의 역기능적 의사소통 형태

키슬러의 대인관계 양식 검사

자신의 성격이나 대인관계를 잘 나타내는 정도에 맞추어 적절한 숫자에 ○표를 한다.

전혀 그렇지 않다	약간 그렇다	상당히 그렇다	매우 그렇다
1	2	3	4

	문 항	1	2	3	4		문 항	1	2	3	4
1	자신감이 있다					21	온순하다				
2	꾀가 많다					22	단순하다				
3	강인하다					23	관대하다				
4	쾌활하지 않다					24	열성적이다				
5	마음이 약하다					25	지배적이다				
6	다툼을 피한다					26	치밀하다				
7	인정이 많다					27	무뚝뚝하다				
8	명랑하다					28	고립되어 있다				
9	추진력이 있다					29	조심성이 많다				
10	자기 자랑을 잘한다					30	겸손하다				
11	냉철하다					31	부드럽다				
12	붙임성이 없다					32	사교적이다				
13	수줍음이 있다					33	자기주장이 강하다				
14	고분고분하다					34	계산적이다				
15	다정다감하다					35	따뜻함이 부족하다				
16	붙임성이 있다					36	재치가 부족하다				
17	고집이 세다					37	추진력이 부족하다				
18	자존심이 강하다					38	솔직하다				
19	독하다					39	친절하다				
20	비사교적이다					40	활달하다				

※ 채점과 해석

각 유형별 문항에 대한 응답을 다음의 칸에 합산하세요. 그리고 다음 그림에 자신의 점수를 ○표로 표시하고 점수들을 연결하여 팔각형을 그리세요. 팔각형의 모양이 중심으로부터 특정 방향으로 기울어진 형태일수록 그 방향의 대인관계 양식이 강하다고 해석됩니다. 이 결과는 자신의 대인관계에 대하여 주관적으로 지각한 것일 뿐이므로 고정관념을 갖지 않도록 유의해야 합니다.

- 지배형 (1, 9, 17, 25, 33) _____
- 냉담형 (3, 11, 19, 27, 35) _____
- 복종형 (5, 13, 21, 29, 37) _____
- 친화형 (7, 15, 23, 31, 39) _____
- 실리형 (2, 10, 18, 26, 34) _____
- 고립형 (4, 12, 20, 28, 36) _____
- 순박형 (6, 14, 22, 30, 38) _____
- 사교형 (8, 16, 24, 32, 40) _____

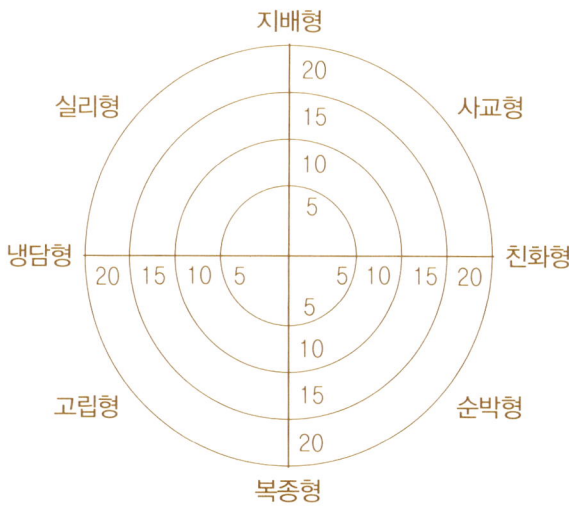

키슬러 양식에 의한 나의 대인관계 양식

감정 조절은
대화의 시작이다

1
분노란 어떤 감정이며 어떤 상황에서 발생하는가

2
분노는 어떤 형태로 표현되는가

3
분노를 통제하는 방법에는 어떤 것이 있는가

4
되도록 화 내지 않고 살 수는 없을까

5
사 례

조화로운 대인관계를 저해하는 가장 큰 요인은 우리가 격한 감정을 통제하지 못한다는 점이다. 어떤 문제가 발생했을 때 전후의 사정을 차근차근 설명하고 나서 자신이 느끼는 감정을 담담하게 피력하면 문제가 수월하게 풀릴 수 있다는 것을 우리는 잘 알고 있다. 그런데 이 점을 머리로는 잘 알고 있지만 실제 상황에서는 마음을 뜻대로 조절하고 관리할 수 없다. 이것이 문제다. 원만한 인간관계와 대화를 방해하는 감정은 수치심, 죄의식, 열등감, 분노와 적개심 등이다. 그중에서 가장 다루기 힘든 정서는 분노다.

크게 분노를 터뜨리고 나서 후회해 본 적이 없는 사람은 한 명도 없을 것이다. '다시는 화를 내지 말아야지!'라고 다짐하건만 그것이 쉽게 실행되지 않기에 많은 사람이 자기환멸감을 경험하게 된다. 분노란 무엇인가? 억울한 상황에서는 화를 터뜨려야 하는가, 억제해야 하는가? 화가 난 감정을 잘 조절할 수는 없는가? 이러한 문제에 대하여 깊이 들여다보고 어떤 해답을 찾을 수 있다면 우리에게 큰 도움이 될 것이다.

그러므로 이 장에서는 특별히 분노의 특성과 분노를 다스리는 방법에 대하여 체계적으로 살펴보기로 하자.

1
분노란 어떤 감정이며
어떤 상황에서 발생하는가

 분노란 자신의 욕구나 목표를 달성하고자 하는 정당한 행동이 방해받거나 격심한 스트레스를 유발하는 사건에 당면해서 경험하게 되는 불쾌한 정서적·생리적 반응이다. 가볍게는 짜증스러운 느낌을 갖는 것부터 시작하여 신경질이 나고 안절부절못하는 불쾌감으로 고함, 욕설, 협박과 폭력적 행위까지 몰고 갈 수 있는 격분 상태가 분노의 감정이다. 분노를 느끼는 상황에서 사람들은 화가 난 감정과 함께 불안과 우울을 경험하기도 하고, 적대감과 증오심이 나타날 수 있다. 그리고 적대감과 증오심은 공격성과 폭력으로 이어지게 하는 매개 역할을 하기도 한다. 그러나 분노의 감정은 적대감이나 증오심과는 다른 정서다. 엄밀히 따져 볼 때 분노란 모든 인간에게 있는 하나의 감정일 뿐이므로 좋다거나 나쁘다고 평가할 성질의 것이 아니다.
 우리는 어떤 상황에서 화를 내게 되는가? 분노란 낯선 사람보다는 가족이나 친구, 연인과 같이 정서적으로 밀접한 사람과의 관계에서 더 많이 경험하는 것으로 나타나 있다. 그 이유는 가까운 사람들은 상호작용이 빈번하며 서로의 생활에 더 깊숙이 관여하게 되고 더 쉽게 상처를 주고받을 가능성이 많기 때문이다. 그렇다면 분노는 어떤 요인에 따라서 일어나는가?

첫째, 부당한(unjust) 또는 불공정한(unfair) 대우를 받는 상황이 가장 많이 분노를 유발하는 것으로 나타나 있다. 부당한 대우를 받고 무시당할 때, 우리는 자신의 절박한 요구가 충족되지 않음으로 인한 좌절감, 억울함, 자존심의 손상을 경험하면서 화를 터뜨리게 된다. 그리고 심리적인 고통이 수반된다.

둘째, 외부에서 언어적 폭력, 물리적(신체적) 폭력, 도덕적 모욕 등을 가하여 악의적으로 자신을 공격할 때, 모욕감을 느끼게 되고 적대감과 분노를 느끼게 된다. 인간은 자신의 존엄성이 무시될 때 화가 나게 되어 있다.

셋째, 자신이 강력하게 원하던 것을 달성하지 못할 때 대부분의 경우 분노가 발생한다. 여기에는 신체적·심리적 제지뿐만 아니라 언어적 제지나 규칙, 법규 등의 사회적 제지도 포함된다.

넷째, 강하고 지속적인 스트레스가 분노를 유발한다. 군대 생활이나 조직 생활에서 경험하는 과도한 직무 스트레스가 여기에 해당된다.

다섯째, 혐오자극이 분노 감정과 공격성의 유발 요인이 되고 있다. 극심한 추위나 더위와 같은 기상조건, 소음, 진동, 가스, 연기,

방사능, 화학물질과 참기 힘든 악취, 도덕적으로 혐오스러운 장면이 불쾌한 정서를 유발하고 그것은 직접적으로 분노를 활성화시킨다.

2
분노는 어떤 형태로 표현되는가

 개인의 중요한 욕구 충족이 봉쇄되었을 때 신체는 '분노'라는 강렬한 감정을 불러일으킨다. 그리고 혈액 속으로 특정한 화학 성분을 방출한다. 이 성분은 우리를 민첩하고 위협적으로 보이게 하는 작용을 한다. 그 덕분에 순간적으로 비상한 힘이 나와 장애물을 제거한다. 그러므로 '화가 나 있다.'는 것은 우리의 욕구 충족이 방해받고 있으니 '어서 일어나 무슨 조처를 취하라.'는 생리적 메시지다.

 드라이쿠스(Rudolf Dreikurs)가 말하였듯이 사람들은 '이성을 잃고' 화를 내는 것이 아니라 '이성을 활용하여' 화를 내는 것이다. 다시 말해서, 사람들은 다른 사람들이 자신에게 원하는 것을 해 주도록 위협하고 통제하기 위한 목적으로 분노를 사용한다. 이 세상에서 단 한 번도 화를 낸 적이 없는 사람은 없다. 화를 내는 것은 생존을 위해서 필요한 책략이다. 그렇다면 사람들은 분노를 어떤 방식으로 표현하는가? 그것은 다음과 같은 네 가지의 양식으로 나타난다.

	표현 방식	메시지
공격적 표현	분노의 직접적 표출	'나는 중요하다. 당신은 중요하지 않다.'
수동적 표현	분노의 억압	'나는 중요하지 않다. 당신만 중요하다.'
수동적·공격적 표현	앙갚음	'나는 중요하다. 당신은 중요하지 않다. 그러나 지금은 그 사실을 숨기겠다.'
주장적 표현	분노의 통제와 적절한 의사소통	'나는 중요하다. 당신도 중요하다.'

분노의 표현 방식

공격적 표현

분노의 첫 번째 반응은 종종 공격적 경향을 띤다. 그러나 아무 생각 없이 그 경향대로만 행동하는 것은 바람직하지 못하다. 그것은 '나는 중요해. 당신은 중요하지 않아.'라는 메시지를 전달하므로 상대에게 불쾌감을 주게 된다. 최악의 경우 상대를 격노하게 할 수 있다. 그리고 상대방은 당신을 인격적으로 존경할 수가 없기 때문에 당신은 결국 '소중한(좋은) 사람'을 잃어버리게 된다. 아주 드물게 공격적 표현이 자신을 보호해 줄 때도 있다. 가령, 길에서 신체적 공격을 받았을 때는 큰소리로 대응해야 한다. 그러나 이것은 예외에 속한다.

화가 날 때 벽이나 냉장고나 현관문을 발로 찬다든지, 상대방에게 고함치고 폭력 또는 위협을 가한다든지, 저속한 욕설을 반복하게 되면 강렬한 분노의 생각과 행동방식이 대뇌에 각인되어 흔적으로 남게 된다. 그리하여 차후에 조금만 자기 감정이 상하는 일이 발생해도 곧바로 과격한 말과 행동을 되풀이하게 된다. 그것은 서로에게 커다란 상처를 주게 된다. 그리고 과격하고 흉포한 성격으로 변하여 고혈압, 심장병 등을 앓게 된다. 분노의 첫 번째 희생자는 자기 자신이며, 그다음 희생자는 가족과 같은 주변 사람들이다.

수동적 표현

화가 난 상황에서 분노를 상대방에게 표현하지 못하고 속으로만 삼키는 사람들이 있다. 지위상 약자(弱者)의 입장에 있거나 연소자, 여성(아내) 등은 상대적으로 우위에 있거나 자신의 생계에 중대한 영향력을 미치는 사람에게서 부당한 대우를 받더라도 정당하게 저항하지 못하고 그 대신 참는 것으로 대응하는 것이다. 분노 감정을 억압하는 방식으로 장기간 생활하게 되면 어떤 결과가 나타날까?

- 신체화 증상(심인성 위궤양, 고혈압, 협심증 등)으로 고통받게 된다.
- 분노의 강도가 점점 높아져 결국에는 이성을 잃고 절망하거나 의욕 상실과 우울증으로 발전하게 된다. 분노한 탈영병이 자살하여 인생을 마치는 사례가 여기에 해당될 수 있다.

- 일생의 한(恨)이 되어 황폐하고 불행한 인생과 결혼생활의 파탄을 야기할 수 있다.

그러므로 분노를 억압하는 것은 자기에게 가장 큰 피해를 줄 수 있다.

수동적-공격적 표현

수동적-공격성에 의존하는 사람들은 분노를 억누르며 외견상으로는 평온한 태도를 유지한다. 그리하여 자신이 화가 난 것을 인정은 하지만 겉으로 표현하지 않고 은밀하게 감추어 두었다가 언젠가 기회를 보아 앙갚음을 하는 것이다. 남편에게 구박받으며 살아온 아내가 노년에 와서 남편에게 역공을 하고, 지난날의 서러웠던 감정을 두고두고 끄집어내어 분풀이하는 경우가 여기에 해당한다.

주장적 표현

분노를 느끼는 상황에서 상대방에게 공격적이고 폭발적인 표현을 하여 상처를 주지도 않고, 또 분노를 억누름으로써 화병이나 한(恨)이 서린 삶을 살지도 않으면서, 적절하게 자신의 감정과 의사를 표현하는 방식이 가장 이상적이다. 이것은 '나는 중요하다.'는 것을 내세우는 자기 표현의 양식이다. 그리고 상대방을 다그치거나 비난하는 전술을 사용하지 않고, 예우하기 때문에 '당신(상대방)도 중요하다.'는 메시지를 담고 있다. 상대방에게 앙갚음을 하지 않고, 다만 자신을 공정하게 대우해 달라고 요청하며, 상대방이 내 말을 경청해 주고 나의 심정을 이해해 주기를 명확하게 요구하는 행위다. 그리하여 친밀한 관계를 회복하고 자존감도 지키려는 것이다.

우리는 이러한 표현 방식이 이상적임을 잘 인식하고 있지만, 실제 상황에서 화가 난 감정을 적절하게 표현하고 자기가 원하는 바를 담담하나 명확하게 말하기란 그리 쉽지 않다. 특히, 걸핏하면 큰 소리로 호통쳐서 상대방을 제압하는 방식에 익숙한 사람은 감정 통제가 어려울 것이다. 한편, 자신을 희생하고 분노 감정을 억압하며 순종적으로 살아 온 것에 익숙한 사람이 지금부터는 자신의 감정을 털어놓으려고 시도하게 되면 매우 혼란스럽기 그지없다. 그동안 참았던 감정이 엄청난 파도처럼 솟구쳐 올라 이성을 잃게 되고 격렬하게 통곡하며, 서럽고 억울한 감정의 홍수 속에 압도되어 조리 있게 말을 할 수가 없는 지경에 이르게 된다. 그러므로 평소에 자기감정을 인식하고 그것을 조절하고 표현하면서 생활해 나가는 것이 정신건강의 지름길이라고 할 수 있다.

3 분노를 통제하는 방법에는 어떤 것이 있는가

화가 날 때 적절한 수준에서 분노 감정을 표시하고 자기가 원하는 바를 담담하게 말할 수 있기 위하여 감정을 통제하는 방법에는 어떤 것이 있는가? 이제 분노의 관리에 대하여 체계적으로 성찰해 보자.

제1단계: 자신의 감정 상태를 알아차린다

① 자신의 신체 증후에 주의를 집중한다

무슨 일 때문에 당신이 몹시 화가 나 있을 때, 당신은 화가 나 있다는 것을 부인하거나 망각하거나 억압하고 지낼 수 있다. 그러고 난 다음에 당신은 엉뚱한 일로 엉뚱한 대상에게 시비를 걸고 짜증과 분통을 터뜨릴 수 있다. 그것은 바람직하지 못하다. 그러므로 맨 먼저 당신은 어떤 상황에서 화가 나 있는지, 그리고 당신의 분노 수준은 어느 정도인지에 대하여 알아차려야(aware) 한다. 자신의 감정을 알아차리려면 자신의 신체적 증후에 민감하게 관심을 가지는 것이 좋다. 신체적인 증후는 곧바로 당신이 분노를 폭발시킬 가능성이 있는지, 또 심각한 신체화 증상으로 발전할 소지가 있는지의 여부를 알려 주는 경고 사인(sign)이다. 당신의 신체가 보이는 반응은 주로 당신 몸이 느끼는 감각(sensation)적인 변화와 그에 수반되는 행동으로 나타난다.

다음과 같은 점에 유념해 보도록 한다.

- **당신의 신체가 보이는 반응은 어떤 것인가?**

  얼굴이 창백해진다.

  가슴이 조마조마해진다(간이 콩알만해짐).

  맥박이 증가한다.

  얼굴이 붉어지고 흥분된다.

  비위가 뒤틀린다.

  얼굴과 몸이 굳어진다.

  몸이 떨린다.

  기운이 쏙 빠진다.

  진땀이 난다.

  가슴이 뛴다.

  입이 탄다.

  기타(   )

- **당신은 어떻게 행동하는가?**

    기어들어 가는 목소리로 말한다.

    횡설수설한다.

    침묵한다.

    얼굴, 주먹, 턱 근육을 긴장시킨다.

    말을 더듬거린다.

    울음을 터뜨린다.

    욕설을 하고 물건을 내동댕이친다.

    눈을 부릅뜨고 큰 소리를 낸다.

    눈을 응시하지 못한다.

    두런두런 불평을 늘어놓는다.

    움츠러든 자세를 취한다.

    기타(   )

② 자신의 감정과 생각의 내용을 자세히 알아본다

우리가 몹시 커다란 좌절감을 느끼는 상황에 접하게 되면 화가 머리끝까지 치밀어 오르는 것을 경험하게 된다. 분노는 분노 자체라기보다는 좌절감 내지 불안, 두려움, 걱정과 섞여 있는 것으로 보인다. 그러므로 우리의 감정은 복합적이다. 또 인간은 아무런 생각 없이 갑자기 분노 감정을 느끼는 것이 아니다. 가령, 이 책의 208쪽에 실린 그림을 보자. 아내는 밤늦도록 귀가하지 않고 있는 남편에 대하여 몹시 걱정하고 있다. 그런데 귀가하는 남편을 보자마자 갑자기 화를 내고 있다. 아내가 맨처음에 느끼는 정서는 걱정과 두려움이고 분노는 이차적인 감정인 것을 알 수 있다. 그리고 분노는 엄밀하게 따져 볼 때 자아(ego)와 연관지어서 그 상황을 해석할 때 일어나는 정서다. 그러니까 인간은 동물처럼 자극(S)-반응(R)하는 단순한 유기체가 아니다. 인간은 오히려 자극(S)-생각(유기체)-반응(R)의 체제로서 기능한다. 따라서 자신의 분노 감정을 잘 통제하려면 자기가 화를 낸 상황에서 주로 무슨 감정과 무슨 생각에 사로잡혀 있었던가를 곰곰이 성찰해 볼 필요가 있다.

- **당신은 화를 내기 직전에 무슨 감정에 사로잡혀 있었던가?**
  상대방의 신변에 대한 걱정-상대방의 장래에 대한 두려움-자신에 대한 수치심-죄의식-열등감-기타

- **그 당시에 당신은 주로 무슨 생각을 하게 되는가?**
  "나는 바보야." (부정적 자아개념)

  "내가 달리 행동했어야 하는 건데…… 모두 내 잘못이야."
  (자기귀인)

  "상대방은 반드시 내가 원하는 대로 응해 주어야 한다."
  (당위적 사고)

  "그들이 내 말을 들어주고 사랑해 주지 않으면 세상은 너무 끔찍하다." (과장된 사고)

  "그들에게서 인정받지 않으면 나는 무가치한 인간이다."

(자기가치 비하)

"내가 사랑받지 못하고 있는 것은 참을 수 없다." (낮은 인내성)

"다른 사람들이 나를 어떻게 볼까? 아유 창피해!" (타인의식)

"상대방 때문이야." (타인귀인)

기타(   )

③ 일지를 적는다

연구에 따르면 일지를 적는 것이 스트레스를 감소시키는 데 매우 효과가 있는 것으로 나타나 있다. 일상생활에서 가장 스트레스를 주는 사건이나 현재 진행 중인 문제에 대해 20분 동안 쉬지 않고 써 내려간다. 현재의 문제들이 과거 사건에 대한 결과라고 생각한다면 과거의 상처에 대해서도 써 본다. 문법이나 문장 구조에 대해서는 신경 쓰지 말고, 다만 무슨 일이 일어났고 그것에 대한 당신의 기분이 어떤지를 적는 것이다. 감정이나 사건 중 어느 한쪽에만 편파적으로 매달려서 적지 말고 두 가지를 모두 적어야 한다. 감정이 없는 사실의 나열은 정신을 자유롭게 해 주지 못한다. 사실이 없는 감정의 나열은 경험을 이해하는 데 도움이 되지 않는다. 두 가지 모두를 쓰는 과정에서 감정적 카타르시스와 통찰이 수반된다. 최소한 3~4일간 매일 20분씩 이 과정을 반복하도록 한다. 연습에 차츰 성과가 나타나면 일주일간 계속한다.

이와 같은 일지 쓰기 과정은 매우 유용하다. 일지를 적는 것은 자신의 상처를 인정하고 억압된 분노, 두려움, 슬픔에서 벗어나게 하며, 때때로 치유 효과까지 발휘한다. 글을 써 내려감에 따라 깊숙이 묻혀 있던 기억이 되살아나서 뜻하지 않았던 깨달음을 얻을 수 있다. 그래서 분노 발생의 사건과 연관된 원인과 배경, 그리고 자신의 행위 간의 인과관계를 발견하게 되는 것이다.

④ 최근에 느꼈던 감정을 적거나 그림으로 그려 보고 그것을 다른 사람에게 표현해 본다

예를 들면, 지난 일주일간 느꼈던 모든 감정을 그림으로 표현해 볼 수 있다. 그리고 자신의 이야기를 들어줄 만한 사람에게 말로 그것을 표현하게 되면 이야기를 하는 순간부터 속상했던 마음이나 분노의 감정이 점점 풀어지는 것을 경험할 수 있다. 이때는 분노의 대상에 대항하여 자기 이야기를 들어줄 사람을 자기편으로 만들기 위한 목적으로 그를 만나서는 안 된다. 화가 난 자신의 심정을 피력하며, 심리적인 카타르시스(淨化)를 얻고, 또 그로부터 문제 해결적 아이디어를 얻는 데 만남의 목적을 두어야 한다.

제2단계: 흥분한 마음을 가라앉힌다

화가 난 상황에서 제일 먼저 착수할 일은 잠시 멈추어 서서 자신의 신체 감각과 느낌을 알아차리는 것이다. 그리고 나서는 흥분한 마음을 다소간 진정시키려는 조처를 취하는 것이 현명하다. 그 방법은 다음과 같다.

① 호흡집중법과 이완훈련

호흡법과 긴장-이완훈련은 이미 잘 알려져 있다. 화가 끓어오르는 상황에서 자신을 진정시키기 위하여 가장 손쉽게 사용할 수 있는 방법은 호흡명상이다. 잠시 눈을 감고 의자에 앉아 천천히 숨을 들이쉬었다가 천천히 내쉬기를 10~12회 정도 반복한다. 이때 들숨과 날숨에 오로지 정신을 집중한다. 호흡명상을 통하여 몸과 마음을 편안하게 가라앉힌 다음에 천천히 눈을 뜬다. 좀 더 시간적 여유가 있을 때는 긴장-이완훈련을 하도록 한다. 이것은 의자에 차분히 앉아(또는 자리에 누워서) 머리부터 시작하여 발끝까지 각 부위를 긴장시켰다가 충분히 이완시키는 것이다. 먼저 눈을 감고 들숨을 들이쉴 때 그대로 멈추고는 이마를 힘껏 찡그린다. 그리고 나서 숨을 천천히 내쉬면서 이마를 느슨하게 펴도록 한다. 이런 방식으로 목, 어깨와 가슴, 복부, 엉덩이, 다리와 발끝까지 차례차례로 긴장-이완을 반복한다. 그리고 온몸의 각 부위를 완전히 이완시킨 다음에 눈을 뜨도록 한다.

이와 같은 호흡이완법으로 장기적 효과를 볼 수는 없지만 단기간의 생리적·심리적 효과는 얻을 수 있다. 생리적으로는 산소량을 증가시키며 심박수와 혈압을 낮추고, 심리적으로는 통제력에 대한 지각을 강화시켜 두려움과 고통에서 벗어나게 해 준다.

② 간단한 기도문, 단어 또는 독백의 문장을 외운다

화가 나는 상황에 대비하여 미리 어떤 문장을 외워 두는 것이 좋다.

"평화, 평화로다. 하늘 위에서 내려오네."

"이 땅에서 기쁨을, 죽을 때도 기쁨을!"

"누가 뭐라 하든 아무튼 난 복 있는 사람이야."

가령, "에이, 미치겠어." "망할 녀석, 난 도저히 참을 수 없어!"라는 말이 튀어나올 것 같으면 그것을 다른 내용의 말로 바꾸어 독백하도록 한다. 평소에 가끔씩 다음과 같은 문장을 독백하는 연습을 해 두면 좋다.

"진정해! 화내는 것보다 더 멋진 방법을 생각해 보자."

"너의 명석한 머리로 마음을 차분하게 가라앉혀 봐."

"넌 세련된 언어와 표정으로 화가 난 상황을 잘 다스릴 수 있을 거야."

③ 생각을 달리한다

당신이 원하는 대로 일이 되지 않거나 억울한 일을 당하여 화가 나는 경우에는 분노하는 것이 유익한가, 또는 화를 내지 않고 다른 방도를 강구하는 것이 유익한가를 먼저 가늠해 볼 필요가 있다. 가령, 당신은 자녀가 피아노를 배우기를 원하는데 아이는 피아노 치기를 싫어한다고 하자. 비싼 교습비를 지불했는데 자녀의 피아노 실력에 전혀 진보가 없다고 하자. 이때는 아이와 언쟁하면서 강압적으로 피아노를 치게 하는 것과 아이와 사이좋게 지내면서 자녀가 좋아하는 다른 활동을 하게 하는 것 중에서 어떤 것이 더 중요한가를 판단해야 한다. 당신이 중요하다고 여겨 왔던 가치에 대하여 달리 생각함으로써 화가 난 감정을 통제할 수 있다.

④ 간접적으로 분노를 방출한다

화가 날 때, 심호흡을 하고 나서 손으로 방석을 들어 마룻바닥에 내던지거나 방석을 주먹으로 때리면 속이 시원해지고 흥분을 가라앉힐 수 있다. 또 밖으로 나가서 소리를 질러 보거나 욕실에 들어가 샤워를 하면서 크게 소리를 지르도록 한다.

제3단계: 어떤 행동을 취할 것인지를 선택한다

몹시 흥분된 감정을 어느 정도 가라앉힌 다음에는 그 상황에서 어떤 행동을 취할 것인지를 결정한다. 당신은 상황에 따라서 화가 난 감정을 상대방에게 그대로 표출하여 언쟁을 벌이거나 위협적인 상황에서는 소리를 지르고 도망가는 행동을 선택할 수 있다. 또 잠시 동안 그 장면을 떠난 다음에 나중에 이야기를 하거나 상대방에게 평온한 말씨로 직접 대면할 수도 있다.

① 힘겨루기에 말려들지 않는다

강렬한 분노 감정을 느낄 때는 냉철하게 생각한다거나 논리적으로 대화하기가 거의 불가능하다. 그러므로 흥분된 상태에서는 그 장면과 그 상대를 잠시 떠나는 것이 좋다. 흥분된 감정이 가라앉기까지는 최소한 15분이 걸린다고 한다. 따라서 한두 시간 후에 또는 다음날에 그 문제를 다시 거론하도록 조처하는 것이 현명하다. 그리하여 힘겨루기에 말려들지 않도록 한다. 그것이 불가능한 상황에서는 화장실에 가서 얼굴을 씻고 냉수를 마시는 방법을 써본다. 상대방에게는 이렇게 말하면 된다. "내가 지금 흥분되어 있는데 진정하려면 두세 시간이 걸릴 것 같다. 그때 가서(또는 내일) 이야기하도록 하자!"

② 폭력의 위험이 있는지를 관찰하고 생명의 안전을 기하도록 한다

예기치 않게 폭행을 당할 염려가 있는 상황에 놓일 경우가 있다. 이때 당신은 놀라고 화가 나서 어찌할 바를 모를 것이다. 이 장면에서 당신은 분노 감정을 인식함과 동시에 우선적으로 당신의 신체적 안전을 도모하도록 민첩하게 대응해야 한다. 제일 먼저 해야 할 일은 상대방을 관찰하는 일이다.

감정은 대개 얼굴에 나타난다. 얼굴 표정으로 그가 어느 정도 화가 나 있는지를 쉽게 알 수 있다. 간혹 자신의 감정을 얼굴에 나타내지 않는 사람들이 있는데 그런 사람들은 그가 보이는 행동을 관찰하여 그 사람의 분노 수준을 짐작할 수 있다. 화가 날 때 어떤 이는 무조건 침묵으로 대응한다든지, 자기 혼자만 지내는 시간을 갖는다든지, 밖으로 나가 피한다든지, 앙갚음하거나 비열한 책략을 사용한다든지, 폭식하거나 식사를 거부한다든지, 물건을 파손하는 경우가 있다.

상대가 협박적인 말(예: '죽여 버리겠다.')과 흉기를 소지하고 폭력을 사용하는 경우는 특별히 유념해야 한다. 만약에 상대방이 보이는 그러한 위험신호를 무시하면 당신에게 커다란 위험을 초래할 수 있다. 이때는 즉시 안전을 위한 조처를 단행해야 한다. 그러한 상황에서 취할 행동은 다음과 같다.

- 소리를 지른다. 그리하여 폭력적 행위를 중단하게 하고, 주변 사람들의 도움을 받을 수 있도록 한다.
- 재빨리 도망간다.
- 미리 안전한 장치나 장소를 대비해 둔다.
- 24시간 긴급출동이 가능한 곳에 긴급전화를 건다.
 〔예: 전화 119, 112, 1366(여성긴급전화)-휴대전화로는 지역번호 +1366〕

상대방이 불같이 화를 내면서 폭언과 폭력으로 당신을 질책하고 심문하듯이 따지면, 당신은 그에 대한 책임의식을 느낄 수 있다. 위협적으로 협박하는 사람은 상대방에게 죄의식을 느끼도록 유도하는 데 능숙한 기술이 있다. 상대방이 당신을 혹독하게 비난하고 협박하면, 당신 쪽에서도 어느 정도는 잘못한 점이 있다고 받아들이고 죄의식을 느끼게 될 가능성이 많다. 그러나 상대방이 당신을 욕설과 비난으로 협박하여 죄의식을 느끼도록 몰고 간다고 하더라도 당신이 그 사람을 화나게 만든 것이 결코 아니다. 당신은 마치 죄인이 된 듯 몸을 도사리거나 자신을 탓할 필요가 없다. 그는 자신의 이익을 위하여 일부러 과도하게 화를 내고 폭발하는 기제를 사용하기 때문이다.

그러므로 당신은 의연하고 담담한 목소리로 말해야 한다. 무조건 참거나 침묵하지 말고 당사자에게 자신의 감정과 의사를 직접 말하도록 한다. 예를 들어, 당신은 다음과 같이 말할 수 있다. "당신이 모욕적으로(무례하게) 나에게 말하는 것이 나는 몹시 기분 나쁘다. 좀 더 나를 존경하는 방식으로 말을 해 주기를 바란다." "이번 사건을 당신이 그렇게 해석하는 것은 나에게 매우 불공평하다. 그래서 내가 속이 상했다. 그 사건의 자초지종을 있는 그대로 이야기하자면 ~와 같다."

③ '나-전달법'을 사용하여 대화한다

어느 정도 화가 난 감정이 수그러든 다음에는 담담하고 간결한 말투로 자신이 하고 싶은 말을 하도록 한다. 이때 '나-전달법(I-message)' 또는 '나-메시지'를 사용하는 것이 좋다. 두 사람 간에 갈등이 있을 때 상대방의 과오를 지적하는 방식의 대화법을 '너-전달법(You-message)' 또는 '너-메시지'라 한다. '너-전달법'은 상대방을 비판하는 뉘앙스를 풍기기 때문에 비효율적이다.

자신의 의사를 표현할 때 상대방을 비판하지 않고 다만 자신의 느낌과 요구 사항을 담담하게 표현하는 것이 '나-전달법'이다.

'나-전달법'은 다음과 같은 단계로 이루어진다.

교사의 '너-전달법'과 그 효과

- 상황을 객관적으로 묘사한다.

"수철아, 네가 매번 지각을 하고 숙제를 해 오지 않으면……."

- 나의 감정을 표현한다.

"나는 몹시 짜증이 나고 화가 난다."

- 그 이유를 설명한다.

"왜냐하면 나는 네가 성실하고 책임감 있는 학생이기를 바라기 때문이야. 그리고 나(선생님)의 말을 조금이나마 존중해 주기를 바라기 때문이야."

- 좀 더 구체적으로 요청하는 바를 말한다.

"그러니 앞으로는 수업시간 3분 전까지 등교해 주겠니? 또 숙제를 일주일에 적어도 세 번은 해 오겠니? 그리고 이런 약

교사의 '나-전달법'과 그 효과

속을 이행하기 힘들 때는 그 사정을 미리 나에게 이야기해 주기 바란다. 내가 너를 도와주고 싶거든. 알겠지?"

만약에 '나-전달법'을 화가 난 어조로 사용하게 되면 그것은 '혼합 메시지'가 된다. 혼합 메시지는 역효과를 가져온다는 것을 유념해야 한다.

④ 화를 터뜨린다

우리는 가족이나 친구 사이에서 가끔씩 싸움을 하거나 화를 돋우면서 관계를 유지한다. 가까운 사이에서 언쟁은 불가피한 것이다. 그렇지만 언쟁을 하되 건설적인 싸움을 하게 되면 관계가 호전될 수 있다.

정말 참을 수 없이 화가 나는 상황이 발생할 때는 화를 터뜨리는 것이 자신에게 진실한 행동이다. 평소에 우리는 하고 싶은 말을 표현하지 않고 지낸다. 그러다가 참는 것이 한계에 이르면 크게 화를 내면서 상대방에게 못다한 말을 전부 쏟아낸다. 그제야 상대방은 나의 진정한 마음을 제대로 파악할 수 있게 된다. 그러니까 당신이 화를 터뜨리면 상대방과도 빨리 친밀해지고 문제 해결도 더 빨리 이루어질 수 있다. 이때 유념할 점은 화를 내되 죄를 짓지 말아야 한다는 점이다. 다시 말해서 상대방을 모욕하고 비난, 저주, 위협, 증오하지 말고, 다만 크게 화를 내는 것이다. 그러므로 정말 참을 수 없이 화가 날 때는 화를 내는 편이 낫다.

4 되도록 화를 내지 않고 살 수는 없을까

    우리는 살아가면서 신경이 날카로워지고 화를 내고 싸우거나 고함도 지르고, 가끔은 욕설과 폭력도 휘두르는 경우가 있다. 그러면서도 되도록이면 짜증을 부리거나 화를 내지 않고 살 수는 없을까 하고 궁금해한다. 단 한 번도 화를 내지 않고 1년, 2년…… 10년, 20년을 살 수 있다면 그는 이미 도인(道人)의 경지에 들어선 성자(聖者)일 것이다. 비록 우리가 성자가 되지는 못하지만, 마치 도인이나 성자처럼 원숙한 인격의 경지에 도달하여 기쁨 속에서 하루하루를 살고 싶은 것이 많은 사람의 소원일 것이다. 여기서는 본능적으로 감정에 좌우되어 감정적으로 반응하지 않으며 되도록이면 화를 내지 않고 살 수 있는 방안을 모색해 보기로 하자.

생각을 바꾼다

    분노에 대처하기 위해서 생각을 바꾸는 데 쓰이는 가장 유익한 이론은 엘리스(Ellis)의 합리적·정서적 행동치료 이론(Rational Emotive Behavior Therapy: REBT)이다. 엘리스에 따르면 우리가 어떤 사건 때문에 속이 상하거나 화가 나는 것이 아니라, 그 사건을 어떻게 받아들이느냐에 따라 화가 나는 것이다. 그러므로 그 사건을 내가 어떻게 해석하는가, 즉 나의 사고 과정에 비합리적인 사고가 있는가를 알아보고 분석하는 과정을 거치면 우리의 분노도 통제될 수 있다는 것이다. 엘리스는 그것을 ABCDE의 공식으로 소개하였다.

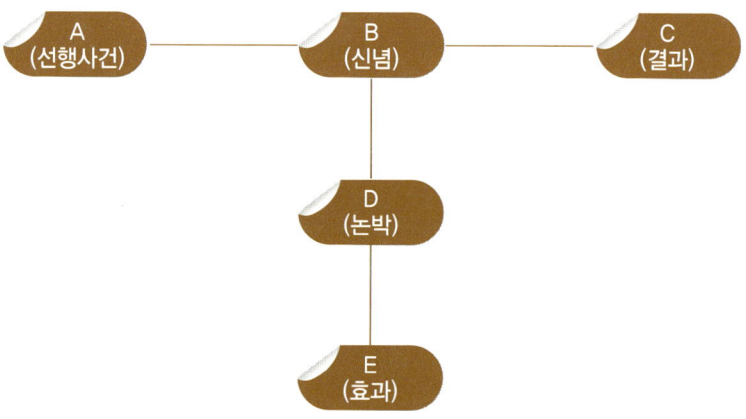

- **A**(선행사건, Activating event)는 개인에게 정서적 혼란을 가져다 주는 사건, 상황, 행동 또는 개인의 태도다. 가령, 시험에 떨어졌다든지, 실직하게 되었다든지, 결혼 문제로 자녀와 싸웠다든지 하여 강렬한 정서를 유발하는 어떤 사건(incident)이나 행위(activity)를 의미한다.
- **B**(신념체제, Belief system)는 어떤 사건이나 환경적 자극에 대

해서 개인이 갖게 되는 개인의 신념체제 또는 사고방식을 가리킨다. 신념체제에는 합리적 신념(rational beliefs)과 비합리적 신념(irrational beliefs)이 있다. 합리적 신념은 우리가 바라는 어떤 목표를 달성하는 데 도움을 주는 사고방식이다. 비합리적 신념은 개인이 경험한 사건을 아주 수치스럽고 끔찍스러운 현상으로 해석하여, 자신을 징벌하고 자포자기하거나 세상을 원망하는 사고방식이다. 여기서 B는 비합리적인 신념(생각)을 지칭한다.

- C(결과, Consequence)는 선행사건에 접했을 때의 결과다. 선행사건을 비합리적인 관점에 입각하여 해석할 때는 부적절한 정서와 행동이 뒤따르고, 합리적인 관점에서 해석할 때는 적절한 정서와 행동이 뒤따른다. 그러니까 C는 어떤 사건을 해석함으로써 일어나는 정서적(감정적)·행동적 결과를 말한다.

- D(논박, Dispute)는 자신이 가지고 있는 비합리적인 신념이나 사고에 대해서 도전해 보고, 과연 그 생각이 사리에 맞고 합리적인지를 다시 한 번 따져 보는 반박의 과정을 지칭한다. 반박은 논리성, 현실성, 효과성의 차원에서 이루어진다.

- E(효과, Effect)는 비합리적인 신념을 철저하게 논박하여 합리적인 신념으로 대체한 다음에 뒤따르는 효과로서, 자기수용적인 생각과 긍정적인 감정과 행동을 말한다.

REBT에서 정서(감정)는 사고의 산물로 간주된다. 우리가 어떤 것을 나쁘다고 생각하면 우리는 그것에 대해 나쁘다고 느낀다. 엘리스는 정서적 장애란 개인이 믿는 비합리적이고 비논리적인 신념에 의해 발생하는 것이며, 그 결과로 나타나는 자기패배적인 감정이나 행동이라고 설명한다.

이러한 비합리적인 신념은 당위적 생각, 과장성, 인간의 가치평가 절하, 욕구 좌절에 대한 낮은 인내심과 관련되어 있다.

- 당위적 생각: 다른 사람은 반드시 나를 사랑해야만 한다.
- 과장성: 그들이 나를 사랑하지 않으면 세상은 너무도 끔찍하다.
- 인간의 가치평가 절하(인간비하성): 그들에게서 사랑받지 못하면 나는 무가치한 사람이다.
- 욕구 좌절에 대한 낮은 인내심(낮은 인내성): 내가 사랑받지 못하고 있다는 사실을 나는 참을 수가 없다.

비합리적 생각에 대한 논박은 논리성, 현실성, 효과성의 견지에 비추어 볼 때, 우리의 생각이 과연 타당한지를 이야기해 보거나 적어 봄으로써 이루어질 수 있다. 그리하여 자신의 생각을 합리적인 생각으로 바꿈으로써 분노 등의 감정을 통제할 수 있게 되는 것이다. 사례를 통해 REBT 이론을 살펴보자.

군대에서 제대한 다음에 당신은 절친한 친구와 당신의 애인이

동거 중인 사실을 알게 되었다. 그 사실을 알게 된 지 일 년이 되었건만 당신은 아직도 배반당한 수치심, 박탈감, 증오심으로 식음을 전폐하다시피 하며 공부를 계속할 수가 없다. 사람들과도 만나지 않는다. 어떻게 하면 심리적 평정을 되찾고 정상적인 생활로 돌아올 수 있을까?

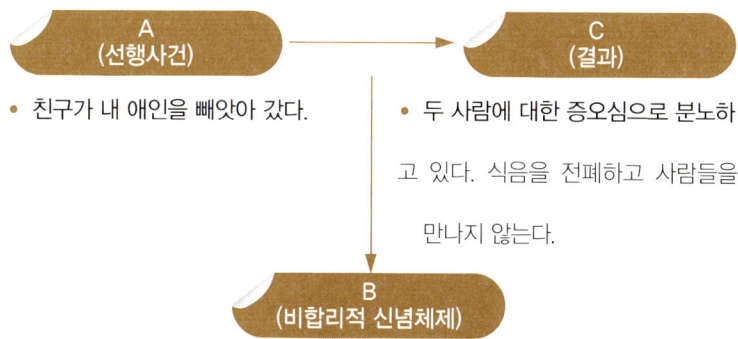

- 친구가 내 애인을 빼앗아 갔다.
- 두 사람에 대한 증오심으로 분노하고 있다. 식음을 전폐하고 사람들을 만나지 않는다.

B (비합리적 신념체제)

- 친구는 의리상 친구의 애인을 절대로 빼앗아 가서는 안 된다.
- 친구와 애인에게서 배반당한다는 것은 너무도 끔찍하다.
- 애인을 친구에게 빼앗긴 '나'라는 인간은 너무 수치스럽고, 무가치한 존재다.
- 가장 소중한 두 사람에게서 배반당했다는 현실을 나는 도저히 견딜 수가 없다.

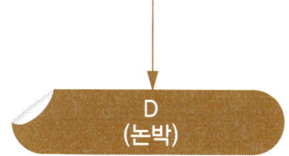

- 친구란 친구의 애인과 사랑에 빠져서는 안 된다는 법이 있는가? (논리성)

- 현실적으로 볼 때 이 세상의 모든 친구(100%)는 친구의 애인을 빼앗지 않고 순결하게 지켜 주고 있는가? (현실성)

- 내가 이렇게 오랫동안 친구와 세상을 증오하고 자포자기의 생활을 하는 것은 무슨 이득이 있는가? (효과성)

- 절친한 친구가 내 애인을 빼앗아 가지 않았으면 참으로 좋았으련만, 내 친구는 내 애인을 빼앗아 갔다. 그러나 이 세상에서 그러지 말라는 법은 없는 것이다. 친구의 애인을 빼앗아 결혼하는 일들이 실제로 일어나고 있다. 두 사람에게서 배반당한 것이 대단히 불행한 일이지만, 그것이 세상의 종말은 아니다. 내가 그것을 끔찍하다고 생각하니까 끔찍하게 느껴질 뿐이다.

- 내가 애인을 친구에게 빼앗겼다고 해서 반드시 무가치한 인간은 아니다. 그것은 대단히 섭섭한 사건일 뿐이지, 내가 법적으로나 윤리적으로 큰 잘못을 범한 것이 아니므로 수치스러운 사건은 아니다.

- 내가 친구와 세상을 증오하며 자포자기로 사는 것은 아무런 이득이 없다. 친구 잃고 애인 잃은 것도 손해인데, 내 건강도, 삶의 의욕과 기쁨도 잃은 채 세상을 배척한다는 것은 삼중 사중으로 손해나는 것이다.

- 두 사람이 나를 배반할 당시, 그들에 대한 증오심이 불타오르는 것은 극히 정상적인 현상일 것이다. 그러나 내가 영원히 분노 속에 살게 되면 나만 손해다. 그러니까 앞으로는 더 이

상 그들을 증오하지 않기로 마음먹겠다. 이 사건이 나에게 큰 고통을 준 것은 사실이지만 나는 그런대로 이 시련을 이겨 낼 수 있다.

이 사건을 통하여 나는 더욱 성숙한 인간이 되었고, 세상을 보는 관점도 더욱 넓어졌다.

논박의 과정을 거친 다음에 얻게 되는 합리적인 신념(생각)은 다음과 같다.

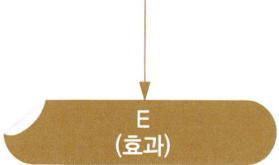

- 인지적 효과: 자신이 무가치한 인간이라는 생각에서 벗어나게 되었다.
- 정서적 효과: 격렬한 분노와 증오 감정이 많이 줄어들고 수치심도 적어져서 그런대로 평온을 되찾게 되었다.
- 행동적 효과: 제때에 식사하고 공부도 하며 사람들도 조금씩 만나게 되었고, 정상적인 생활의 리듬을 되찾게 되었다.

이상에서 살펴본 바와 같이 우리가 어떤 사건에 대하여 생각을 바꾸게 되면 우리의 감정과 행동도 변화한다.

정관(靜觀)한다

앞에서 우리는 지각과 인지 과정에 엄청난 오류와 왜곡현상이 있다는 것을 살펴보았다. 우리 스스로가 착각 속에서 사물을 판단하기 때문에 대인관계의 문제를 풀어 나가기가 더욱 힘들고 고통만 가중된다는 것을 알 수 있다.

우리의 마음에 안정을 얻고 효율적인 문제 해결 능력을 얻기 위해서는 사물과 상황을 있는 그대로 정확하게 관찰하는 방법을 익혀야 한다. 먼저 마음을 진정시킨 후에 고요한 관조(觀照)의 태도를 가지고서, 당신의 마음이 움직이는 것과 상대방의 처지를 바라보도록 한다. 그리고 그 문제를 당신의 관점에서 판단하고 해석하는 것이 아니라 거시적인 조망(眺望)을 가지고 우주적 차원에서 폭 넓게 받아들이는 것이다. 그런 관조의 태도를 저자는 '정관(靜觀)'이라고 하였다.

정관하기 위해서 먼저 신체를 차분히 이완시킨 후에 마음을 비우도록 한다. 눈을 감고 천천히 복식호흡을 여러 번 반복하면서 정신을 들숨과 날숨에 집중한다. 그리고 나서 마음속이 텅 빈 공간 같은 느낌으로 차 있게 되면 눈을 지그시 아래로 뜨고 코끝을 바라본다. 이제 텅 빈 마음 바탕에 한 편의 드라마 장면이 비춰진다고 생각한다. 당신은 마치 이 세상 사람이 아닌 듯, 고요한 상태에서 인생 드라마의 장면들을 관람하는 것이다. 즉, 몇 발자국 물러서서 초연한 태도로 당신이 주연으로 등장하는 인생극장을 구경하는 것이다. 그리고 타임머신(time machine)을 타고 '내 나이 90세가 되었을 때'와 '내가 천국에 갔을 때'를 상상하면서 그 시점에서 지금의 사건을 바라보는 것이다.

사 례

사례 1 상사에게 자주 질책받는 직장인

Q 저는 다혈질의 상사에게 질책받고 지냅니다. 상사는 나에게 거의 매일 업무에 대해서 핀잔을 줍니다. 상사가 부당하게 야단치고 화를 내더라도 저는 당하고만 있어야 하지요. 스트레스가 이만저만이 아닙니다. 매일 저녁 술을 마신다고 해서 울화가 깨끗이 사라지는 것도 아닌데 어떻게 해야 합니까?

A 당신처럼 직장의 상사에게서 억울한 대접을 받고도 한마디 항변도 해보지 못하고 생활하는 직장인들이 상당히 많이 있겠지요? 자신을 대변하기 위해서 논리적으로 해명하게 되면 상사는 그것을 불손한 반항행위로 간주할 위험성이 있기 때문에 참고 지내는 수밖에 없겠지요. 그런데 '억울하다.' '분통이 터진다.' '미칠 지경이다.'라는 생각을 가지고 계속 참고 지내게 되

면 당신은 혈압이 올라가고 소화불량에 걸릴 가능성이 많습니다. 그리고 상사에게 예절을 갖추어 대하려고 노력하지만, 내면에 불만이 쌓여 있기 때문에 자기도 모르는 사이에 얼굴 표정과 말씨가 경직되고 어색한 모습으로 나타날 수 있습니다. 그것도 바람직한 현상은 아닙니다. 그러므로 당신은 분노를 공격적으로 표출하지도 않고 억압하지도 않아야 합니다. 그것은 분노 상황에 대하여 달리 행동하고 달리 생각함으로써 당신 나름대로 승화시키거나 재해석하는 것입니다. 가령, 상사에게 직접 대응하는 대신에 간접적으로 당신의 분노 감정을 처리할 수 있습니다. 달리 행동하는 것으로는, 목욕하면서 큰 소리로 하고 싶은 말을 외쳐 본다든지 산책, 운동 등으로 기분을 전환하는 것입니다. 생각을 달리하는 방법에는 두 가지가 있습니다. 상사가 혐오스럽고 밉다는 생각을 다음과 같은 생각으로 바꾸는 것입니다.

첫째, '우리 사장(상사)은 직원들을 신사적으로 예우하는 방법을 잘 모르는구나. 업무상 일이 잘 안 될 때 나 같으면 조용히 불러서 시정조치를 할 텐데, 사장은 화낼 줄 밖에 모르니 인격적으로 미성숙하구나.' 이러한 생각은 당신의 손상된 자존감을 되찾아 줄 것입니다.

둘째, 직장의 고통에 대하여 재해석하는 겁니다. '내가 이렇게 고통스러운 직장생활을 하는 것이 지금은 내 인생에서 손해인 것 같지만, 이런 고생을 해야 장차 어려운 일이 닥쳤을 때 거뜬히 감당해 낼 수 있고 성공할 수 있다. 그러니까 다혈질의 상사가 지금은 나를 힘들게 하지만 그건 감사의 조건이 될 수 있다. 까다로운 상사를 어떻게 다루어 나가야 하는가는 나에게 또 하나의 도전이고 연구 프로젝트라고 생각하고 타개해 보자.'라고 생각하면 그 스트레스 상황에 처한 당신의 행동을 여러 모로 관찰하고 분석하고 변경해 보면서 오히려 즐길 수도 있게 될 것입니다.

사례 2 친지 앞에서 아내를 무시하고 함부로 대하는 남편

Q 저의 남편은 저에게 말을 함부로 합니다. 욕설도 잘하고요. 특히, 남편 친구나 친지 앞에서는 저를 하녀처럼 취급하고 고압적으로 나오기 때문에 제 체면이 말이 아니에요. 제발 인격적으로 대우해 달라고 부탁해도 통하지 않는데 어떤 좋은 방법이 없을까요?

A 당신 남편은 남자가 아내 칭찬이나 부드러운 말을 하는 것은 낯간지럽다고 생각하고, 일부러 고압적으로 대함으로써 가장의 위신을 찾으려는 것 같습니다. 어쩌면 당신 남편은 자신의 아버지가 언어폭력과 힘에 의지해서 어머니를 억누르는 것을 목격하고 성장하였을 것입니다. 그러한 남편에게 당신이 애원하거나 비난하게 되면 역효과입니다. 당신이 객관적인 서술로써 담담하게 다음과 같이 말하면 남편은 자기방어하지 않고 당신의 말을 수용할 것입니다.

"여보, 당신의 언어 습관은 부모님에게서 많은 영향을 받았다고 봐요. 당신이 우리 부부관계를 깰 의향도 없는데, 나를 무시하고 함부로 말하여 우리 사이가 나빠지는 것은 좋지 않은 것 같아요. 나에게 존댓말로 말하고, 나를 칭찬함으로써 당신은 아내를 존중해 주는 아량 있는 남자가 될 수 있어요."

첫째, 구체적으로 부탁하세요. '나를 인격적으로 대우해 주세요.'는 추상적인 표현이기 때문에 어떻게 대우해 주는 것이 인격적인 대우인지를 남편은 알지 못하는 것입니다. 그리고 그 이유를 차근차근 설명해 주세요.

"당신이 신사적으로 되면 내가 당신을 더 좋아하고 더 존경하게 될 거예요. 그리고 당신이 친구 앞에서 나를 함부로 대하면 당신의 권력이 대단한 것같이 느껴져서 그때는 우쭐할지 모르지만 더 큰 것을 잃는 거예요. 당신의 사람 됨됨이가 형편없다는 인상을 친구들에게 심어 주어서 당신에게 손해가 될 거예요. 또 당신은 '저렇게 맘에 들지도 않는 여자하고 사는가 보다.'라는 인상을 심어 주어서 불쌍한 남자로 볼 수도 있어요. 물론 나도 불쌍한 여자로 보이고요. 그러면 누가 진심으로 당신을 존경하고 따르겠어요? 이것은 좋을 것이 하나도 없어요. 그러니까 나를 숙녀처럼 대해 주세요."

둘째, 앞으로 당신이 취할 행동에 대해서도 남편에게 의연하게 말하도록 하세요. 가령, "당신이 친구들 앞에서 '야, 냉큼 ○○ 좀 가지고 와라.'라는 식으로 말하면 앞으로는 나가 버릴 거예요. 당신 혼자 알아서 친구들하고 시간을 보내세요. 당신이 이런 방식으로 나를 계속 대우한다면 10년, 20년 후에는 미운 생각만 쌓여서 당신과 원수같이 되고 함께 살 수 없을 것 같아요. 그리고 우리 아이들도 당신을 닮아서 거친 말씨를 사용하게 되면, 인생에 손해가 많게 되겠지요. 당신의 언어 습관은 어려서 배운 것이라 당신 잘못은 아니에요. 그렇지만 지금부터 노력해서 좋은 언어를 사용하게 되면 아이들도 세련된 말씨를 배우게 되고 사회생활과 대인관계에 성공하게 될 거예요. 당신은 마음만 먹으면 조금씩 조금씩 고쳐 나갈 수 있을 거예요. 부탁해요."

마지막으로, 남편이 간혹 가다가 존댓말을 사용하거나 부드럽게 말할 때는 당신이 그것을 칭찬하고 감사를 표시하여 그 행동을 강화하도록 하십시오.

사례 3 분노한 고객 다루기

Q 저는 관광회사의 영업직으로 일하는데요, 해외여행을 담당하다 보면 예기치 않은 사정이 발생할 수 있습니다. 여행 일정이나 서비스 면에서 약속이 제대로 이행되지 못할 때 우리는 최선을 다하여 고객에게 보상해 드리려고 합니다. 그런데도 고객 중에는 저의 멱살을 잡고 뺨을 때리는 분도 있었습니다. 가장 난처한 때는 화가 난 고객이 고함을 질러 다른 손님들에게 큰 피해를 주고, 저의 여행사 이미지를 흐려 놓을 때입니다. 화를 내는 고객을 잘 다루는 방법을 알고 싶습니다.

A 고객에게 최선의 서비스를 제공하려고 노력하지만 뜻대로 되지 않는 경우가 발생하지요. 그런 경우에 고객과 원만하게 타협이 이루어지지 못하고, 특히 분노한 고객에게 인격적인 모독을 받게 될 때 참으로 견디기 힘드셨겠습니다. 회사의 직원연수 프로그램에 분명히 '고객을 다루는 기법'을 익히는 시간이 있었을 것이라고 믿습니다. 그러나 선생님의 요청에 따라 다시 한 번 분노한 고객을 다루는 기법에 대하여 소개해 드리겠습니다.

화가 머리끝까지 나 있는 고객을 잘 다루려면 내 쪽에서 먼저 어떤 행동을 취해야 하는가를 잠시 생각해 보아야 합니다. 이런 경우에 당신은 고객과 맞서 싸우거나 고객에게 즉각적으로 대답해서는 안 된다는 것입니다. 왜냐하면 한쪽이 흥분한 상태에 있는데 당신도 강도 높은 반응을 하게 되면 두 사람은 힘겨루기로 발전할 가능성이 높기 때문입니다. 그렇다고 해서 변명을 하거나 상대의 위협에 굴복하여 비현실적인 대안을 제시해서도 안 됩니다. 어떤 사원은 험악한 고객을 마주하기가 두려워서 일시 그 자리를 피하거나 도망가 버리는 수도 있습니다. 그것도 고객의 분노를 더욱 돋우는 행동입니다. 또 "그렇게 크게 소리 지르지 마세요."라는 부탁을 하게 되면, 상대방은 그것을 명령이나 지시로 받아들이고 더욱 화를 낼 수도 있습니다. 그런 말은 하지 마세요.

분노한 고객을 다루는 방법은, 첫째 그의 마음을 진정시키는 것입니다. 그 요령은 당신 쪽에서 낮고 담담한 목소리로 그에게 이렇게 부탁하는 것입니다. "선생님, 조금만 천천히 말씀해 주시겠습니까? 문제가 무엇인지를 제가 확실하게 파악하고 나서 도와드릴 방도를 강구하겠습니다." "선생님의 의견으로는 저희 회사가 어떻게 해 드리면 좋을 것 같습니까? 선생님의 견해를 반영해서 최대한의 보상을 해 드릴 수 있는 방안을 상부에서도 논의하리라고 믿습니다."

이상에서 설명한 지침의 핵심은 당신이 안정된 마음으로 정중하게 고객을 다루는 입장이 되어야지, 고객에게 끌려 다니거나 굴복하는 입장이 되어서는 안 된다는 것입니다. 그러므로 먼저 고객의 실망과 화난 감정을 진정시킨 다음에 곧바로 문제 해결적인 방향으로 대화를 인도해야 합니다. 변명이나 대안의 제시는 필요한 경우에만 하십시오.

사례 4 '욱'하는 성질을 고치고 싶습니다.

Q 저는 가족을 끔찍이 아낍니다. 그런데 평소에는 너그럽다가도 사소한 일로 제 신경을 건드리는 일이 발생하면 이성을 잃고 화를 폭발합니다. 나중에 생각하면 별것도 아닌 것을 가지고 번번이 화를 내는 버릇이 있고, 그 뒤에 곧 후회를 하게 됩니다. 가령, 안방이 어질러져 있다거나 아내가 고지서 납부 일을 제때에 알려 주지 않을 경우에 저는 무조건 호통치고 아내에게 못된 짓을 하게 됩니다. 곧 미안한 마음이 들어 토라진 아내를 달래기는 하지만, 아내는 나하고 같이 살기가 너무 힘들다고 합니다. 저의 아버님의 괄괄한 성격 때문에 부모님은 늘

불화했습니다. 그래서 나는 스위트홈을 꾸려 보자고 생각했는데 그게 잘 되지 않습니다. 저의 '욱'하는 성격을 고치려면 어떻게 해야 할까요?

A 미국의 연구 보고서에 의하면 화목한 부부생활을 영위하는 사람들은 남편과 아내의 원가족 부모가 각각 화목한 애정생활을 영위한 가정의 출신인 부부가 90% 이상인 것으로 나타나 있습니다. 개인이 특정방식으로 대인관계를 맺고 교류하며 애정을 표현하는 방식은 성장 과정 중에 그의 부모의 행동을 보고 모방하게 되어 있습니다. 선생님의 아버지는 사소한 일이 발생할 때마다 어머니에게 시비 걸고 크게 화를 터뜨렸거나 학대한 것으로 보입니다. 어떤 문제가 발생할 때 이성적이고 지성적으로 처리하지 못하고 무조건 감정적으로 반응하는 것에 익숙한 것이지요. 그러한 아버지의 태도를 보고 자란 선생님께서는 아내에게 거칠게 말하고 손찌검을 하는 것이 어쩌면 너무도 익숙하게 학습되었을 것입니다. 감정적인 대응 방식이라든지 아내와 갈등적인 관계를 유지하는 것이 선생님의 부모 세대에서 나타났고, 선생님의 현재 가족생활에서도 반복되고 있습니다. 이대로 간다면 선생님의 아들도 장차 결혼생활에서 똑같은 양상을 반복할 가능성이 높습니다. 이것을 가족치료이론가인 보웬(Bowen)은 '다세대 간의 전승'이라고 하였습니다. 불행하고 역기능적인 관계 유형의 틀을 깨고, 화목한 부부생활을 영위하려면, 첫째 자신의 성장 배경이 자신의 행동과 성격에 미친 영향을 분명하게 알아차리는 것이 필요

합니다. 다행히 선생님과 아내는 그 점을 잘 이해하고 있군요. 둘째, 감정적인(반응적인) 대응 방식을 중단하고 이성적이고 지적인 대응 방식으로 임하겠다고 다짐하고 그것을 연습하는 것입니다.

가령, 당신이 시장기를 느끼는데 식사 준비가 제시간에 되어 있지 않다고 합시다. 평소 같으면 당신은 화가 나서 본능적으로 아내에게 호통을 치게 되겠지요. 당신은 눈을 부라리며 "아니, 여편네가 하루 종일 집에 있으면서 밥상도 제대로 안 차려 놓고 뭐하는 짓이야!"라고 말할는지도 모릅니다. 그런데 지금 당신은 충동적으로 행동한 다음에 후회하고 있습니다. 자신의 인격에 대해서 실망과 환멸감도 느끼고 있겠지요. 이것은 참으로 좋은 징조입니다. 이러한 느낌이 있기에 선생님은 이성적이고 지성적인 방식으로 대화하는 방안을 연구하고 문제 해결적인 사고를 할 수 있게 되는 것입니다.

이제 당신은 다음과 같이 독백하고 다짐하십시오.

"가만 있자, 내가 이런 시시한 일로 번번이 화를 내면 난폭한 성격자가 될 거야. 나는 너그럽고 교양 있는 인격자야. 아내를 속상하게 만들고 나서 어떤 이익이 있겠는가? 부드럽고 아량 있게 대해 주자. 그러면 우리 부부관계도 훨씬 더 좋아질 거야."

그러고 나서 낮고 느린 목소리로 아내에게 이렇게 말하십시오.

"여보, 나 배가 고픈데…… 밥이 되려면 아직 멀었어요? 그럼, 우선 주스나 과일을 좀 줘요."

이어서 침착하게 감정을 조율할 수 있게 된 당신 자신에게 스스로 칭찬하여 변화된 자신의 행동을 강화하도록 하세요.

"음, 난 마음만 바꿔먹으면 이렇게 침착할 수가 있단 말이야. 난 의지력과 애정이 있는 사람이야. 우리 아버님 세대의 좋지 못한 기질은 내 세대에서 완전히 끊을 거야. 그러면 내 아들도 행복한 부부생활을 할 수 있겠지."

만약에 과격한 비난, 욕설, 위협, 폭력이 행사되면 상대방 가족원의 마음은 상처받게 되고, 당신에 대하여 느껴 왔던 사랑은 서서히 사라지게 됩니다. "나가 버려라." "당신 같은 사람을 만나서 사는 것이 지긋지긋하다."와 같은 말은 절대로 하지 마십시오. 그런 말을 듣게 되면 배우자의 자존심은 산산조각이 나고, 견딜 수 없는 비굴감으로 괴로워하게 됩니다. 자존심에 상처받고 열등감으로 고통받는 아내가 무섭고 비정하게 느껴지는 남편을 사랑하고 존경할 수 있을까요? 사랑만으로는 불충분하며, 사랑은 존중하는 마음과 태도 속에서만 살아남고 꽃피게 된다는 점을 명심하시기 바랍니다. 선생님께서 감정통제가 잘 되지 못하여 화를 터뜨리게 된 상황이 벌어지면 뒤처리를 잘하세요. 그리하여 선생님의 관대함을 보여 주십시오.

"여보, 내가 크게 화를 내서 미안해요. 나도 성격을 고치려고 노력하고 있는데 이번에도 또 화를 참지 못했군요. 내 마음은 당신을 끔찍하게 아껴 주고 싶은데, 내 본심과는 달리 험한 말이 튀어나왔어요. 미안해요. 당신이 이번에도 잘 참아 주어서 정말 고마워요. 다음에는 이 못된 호랑이 성질을 고쳐 양순한 망아지가 될 테니까 조금만 더 기다리고 이해해 줘요. 내가 더 부드럽게 해 주고 잘해 줄게요."

　이 밖에도 분노 감정을 통제하는 여러 가지 기법을 숙달하기 바랍니다.

의사소통의 시작은
상대방에 대한 이해에서 비롯된다

1
비언어적인 의사소통의 기술

2
언어적인 의사소통의 기술

3
문제 해결을 돕는 방안

4
사 례

지금까지 살펴본 바와 같이 대화를 하는 데도 고도의 기술이 필요하다는 것을 알 수 있다. 서로의 마음이 통하고 갈등과 문제점을 건설적으로 해결해 나가는 방향으로 대화하려면 어떤 기술이 필요할까? 이 장에서는 효과적인 의사소통의 기술을 소개한다.

　만약에 당신이 울창한 숲을 헤치고 산등성이에 올라갔는데 저쪽 건너편 언덕에 알록달록한 색깔의 물체가 눈에 띄었다고 하자. 그것은 거대한 호랑이였다. 이때 당신은 어떻게 반응할 것인가? 어떤 이는 소리를 지르며 도망가고, 어떤 이는 나무 위로 올라가고, 어떤 이는 기절할는지도 모른다. 가장 바람직한 행동은 먼저 호랑이의 상태를 면밀하게 관찰하는 것이다. 그 녀석이 배가 고픈 상태인가? 낮잠을 자고 나서 기지개를 켜고 있는가? 혹은 햇볕을 쬐려고 나온 것인가? 호랑이를 주시하고 그 상태를 파악한 다음에, 그에 합당한 조처를 취하는 것이 현명한 태도다.

이런저런 문제로 사람들과 관계를 맺고 대화할 때도 이와 똑같은 태도가 요청된다.

1980년대 초 나는 미국에서 박사학위를 끝내고 이삿짐을 한국으로 송달하기 위해서 탁송회사를 방문하였다. 미국 친구의 도움을 받아 책들과 얼마되지 않는 물건을 포장하여 차에 싣고 갔다. 탁송회사의 담당직원은 내 짐이 빈약하여 실망했던지 별로 달갑지 않은 태도로 서류를 꾸미고 있었다. 그리고 내 짐의 포장 상태가 제대로 되어 있지 않다는 것을 퉁명스럽게 지적하였다. 그때 나의 미국 친구는 그를 바라보며 동문서답하듯이 엉뚱한 반응을 보였다.

"이봐요. 하루에도 온갖 사람을 만나고 온갖 이삿짐을 맡으면서 스트레스를 많이 받게 되지요? 당신에게 오늘은 유별나게 힘든 날인 것 같이 느껴지는군요. 내가 도와드릴 테니까 천천히 하세요."

그러자 그는 갑자기 부드러운 인상을 지으면서 말하였다. 사실은 그날 아침에 사장에게서 꾸지람을 듣고, 하루 종일 기분이 언짢은 상태였다고……. 내 친구는, "당신은 최선을 다하려고 애쓰는군요. 당신은 좋은 사람입니다. 힘내세요."라고 격려해 주었다. 그는 매우 협조적으로 변하였고, 우리는 기분 좋게 일을 끝낼 수 있었다.

그래서 지피지기(知彼知己)하면 백전백승(百戰百勝)한다고 하지 않는가?

1
비언어적인 의사소통의 기술

사람들은 이야기할 때 얼굴 표정, 시선 맞추기, 몸 움직임과 자세, 신체적 접촉, 마주한 거리(공간), 어조, 억양 등을 통하여 자신의 의사와 느낌을 전달한다. 이런 것들은 비언어적인 의사소통의 수단이다. 특히, 한국 사회는 비언어적 행동인 눈치를 보아 이심전심(以心傳心)으로 상대방의 뜻을 헤아리고, 자기 마음을 전달하는 문화권에 속한다. 따라서 우리는 비언어적 의사소통이 뛰어난 민족이다. 그런데 이런 비언어적 의사소통은 정확하게 하는 것이 매우 중요하다.

얼굴 표정

인간의 기본적 정서인 기쁨, 놀람, 두려움, 슬픔, 분노, 혐오 등의 감정을 나타내는 데는 독특한 얼굴 표정이나 얼굴 근육운동의 패턴이 있다고 한다. 감정을 나타내는 얼굴 표정은 우리의 의도와 상관없이 얼굴에 나타나게 된다. 그러나 계속 노력하고 훈련하면 얼굴 표정은 의도적으로 조절될 수 있다. 온화한 얼굴 표정과 가볍게 미소 짓는 습관은 노력으로 체득될 수 있다.

시선 맞추기

흔히 눈은 '마음의 창'이라고 한다. 시선 맞추기(eye-contact)는 눈빛의 강렬함과 눈을 마주치는 시간상의 길이에 따라서 송신자의 마음과 의도가 달리 전달된다. 강렬한 눈빛은 강한 감정, 즉 정열, 애정, 분노, 증오를 느끼게 한다. 상대방을 응시하지 않거나 보는 둥 마는 둥 하면 수신자는 자신을 무시하거나 냉담하게 여긴다고 느낀다.

상대방과 어느 정도로 시선 맞추기를 유지해야 하느냐는 문화권에 따라 다소 차이가 있다. 그러나 어떠한 문화권에서든 상대방과 대화할 때 적절하게 시선을 맞추는 것은 매우 중요하다.

몸 움직임과 자세

우리는 이야기를 하는 동안 손, 팔, 머리, 다리, 몸통을 곧잘 움직인다. 이런 몸의 동작과 자세는 많은 뜻을 전달하고 있다. 대화자가 상대방에게 주먹을 불끈 쥔다거나 손가락질을 하거나 목에 힘을 주는 행위를 한다면, 자기가 몹시 화가 나 있거나 상대를 제압하겠다는 것을 의미한다.

강연이나 연설을 하는 사람이 어느 대목의 내용을 강조할 때는 강력한 제스처를 사용하기도 한다. 상대방과 대화할 때 호감을 나타내려면 발을 꼬거나 팔짱을 끼기보다는 이완되고 유연하게 개방적인 자세로 임하는 것이 좋다.

신체적 접촉

우리는 신체적 접촉을 통해서 상대방에 대한 감정과 태도를 표현한다. 부모는 유아를 안아 주고 쓰다듬어 줌으로써 애정을 전달한다. 사랑의 감정과 친밀감은 등을 토닥거림, 팔짱, 키스, 포옹, 애무 등과 같은 신체 접촉을 통해서 가장 효과적으로 전달된다. 상대방에게 애정과 호감을 나타낼 때는 말과 함께 적절한 신체적 표현을 하는 것이 좋다.

거리(공간)의 활용

대개 심리적으로 가까운 사람과는 물리적으로 가까이 앉거나 서서 마주 보며 대화한다. 반면에 낯선 사람과는 어느 정도의 거리를 유지한다. 그러므로 낯선 사람이 너무 가까이 다가서면 우리는 불안, 의심, 경계의 눈초리를 보내게 된다. 화자와 청취자 간에 어느 정도의 거리가 적절한가는 문화와도 연관이 있다. 상대방에 대한 물리적 거리, 바라보는 방향, 만남의 장소 등을 잘 활용하는 것도 중요한 의사소통의 기술이다.

어조, 억양 및 이야기하는 속도

　비언어적 의사소통에서 가장 민감한 단서는 억양, 어조와 말의 속도다. 낮고 고른 음색으로 조용히 말하는 사람과 흥분된 음색으로 소리 높여 말하는 사람은 감정 표현에서 크게 차이가 있다는 것을 직감할 수 있다. 즉, 억양이나 어조는 대화자의 감정을 전달하는 매체다. 주저하듯이 말하는 사람을 보면 그가 자신감이 없거나 혼란을 겪고 있다는 것을 느끼게 되고, 헛기침을 하면 쉽게 말이 나오지 않거나 말하는 데 다소 부담감을 느낀다는 것을 감지할 수 있다.

2 언어적인 의사소통의 기술

　인간의 의사소통에서 주된 통로는 언어다. 우리는 대화하면서 상대방의 이야기를 잘 경청하고 질문도 하며, 상대방의 이야기 속에 담긴 뜻을 다시 확인하고 그의 마음에 공명하는 반응을 보낸다. 그리고 경우에 따라서는 설명도 해 주고 칭찬, 격려, 훈계나 지적을 해 주며 자신의 개인적인 정보를 노출하여 알려 주기도 한다. 또한 유머와 농담도 가끔씩 던진다. 자신의 권리나 입장을 지킬 필요가 있다고 생각될 때는 자신을 주장하기도 한다.

　여기에서는 대인관계에서 발생하는 문제점이나 갈등을 대화로 풀어 가는 데 효과적인 의사소통의 여러 가지 기법에 대해서 살펴보기로 한다. 그것은 문제 해결적 대화기법이라고 보아도 좋다. 또한 상담과 심리치료에서 카운슬러가 익숙하게 사용하는 의사소통의 기술로써 촉진적 의사소통이라고도 한다.

　서로 마음이 통하는 관계로 발전시키고 문제 해결의 방향으로 인도하기 위해서는 다음과 같은 단계로 대화를 진행하는 것이 필요하다.

제1단계: 관심 기울이기-적극적 경청

상대방과 이야기할 때, 예의를 갖추어 진지하게 경청해 주는 자세를 취해야 한다. 그것을 '적극적 경청'이라고 한다. 어떤 사람과 대화를 할 때는 그와 시선을 맞추고 그의 어조나 억양의 특징, 언어적-비언어적 표현의 불일치 여부 등에 주의를 기울이는 것이 적극적인 경청자의 태도다. 또 한 가지 중요한 것은 상대방이 이야기하는 주제나 흐름을 따라가 주는 것이다. 상대방의 이야기를 가로막는다든지, 화제를 임의적으로 다른 방향으로 돌려 버리는 일은 삼가야 한다.

제2단계: 대화를 이끌어 가기

상대방과 진지한 이야기를 나눌 때는 그로 하여금 계속해서 이야기를 하도록 이끌어 준다.

① 가벼운 격려

상대방이 이야기할 때 듣는 사람이 고개를 끄덕이거나, 긍정적인 얼굴 표정으로 "음, 음." 하거나, 그가 사용한 핵심 단어를 반복해 주는 것은 가벼운 격려의 기술에 해당한다.

② 바꾸어 말하기

바꾸어 말하기는 전달자가 이야기한 말 중의 일부에 대하여 청취자가 다른 말로 피드백하여 주는 것이다. 예를 들어 보자.

A씨: 재수가 없어요. 저는 주식에 재산을 날렸는데, 최근에는 친구에게 빌려 준 돈도 떼이고 아내는 가출을 했어요. 고혈압이 있는데 요즈음은 당뇨까지 생겼습니다.
B씨: 그러니까 선생님은 재산손해, 가정불화, 건강악화 등 하는 일마다 최악의 운이 겹쳐서 참으로 불운하시군요.

③ 요약하기

요약하기는 대화가 오랫동안 진행된 후에 전달자의 이야기를 수신자가 간단명료하게 정리해 주는 것이다. 앞의 A씨의 호소를 듣고 당신이 카운슬러라면 다음과 같이 요약해 줄 수 있을 것이다.
"선생님께 가정, 건강, 경제 면에 시련이 한꺼번에 닥치셨군요."

④ 질문하기

질문은 상대방이 이야기를 계속하도록 고무시키기도 하고, 위축시키기도 하는 효과가 있다. 청취자가 대화자에게 질문을 하게 되면 대화가 순조롭게 진행되고, 대화자의 이야기 내용을 한층 명료화시킬 수 있다. 또 그가 가지고 있는 애로 사항이나 문제점을 평가하고 진단해 주는 역할을 한다. 그리고 세상과 사물을 보는 관점을 그가 다른 각도에서 생각해 보도록 유도할 수 있다. 이러한 것은 질문이 갖는 긍정적인 효과다. 그러나 질문에는 부정적인 효과도 있다. 청취자가 질문을 하는 바람에 대화자의 이야기가 일방적으로 통제될 위험이 있다. 그리고 너무 많은 질문을 하게 되면 상대방을 공격하는 듯한 인상을 주게 되어 방어적으로 나오게 할 소지가 있다. 한꺼번에 두세 가지의 내용에 대하여 대답하도록 하는 이중적인 질문은 하지 않는 것이 좋다.

한편 질문에는 닫힌(폐쇄형) 질문과 열린(개방형) 질문이 있다. 닫힌(폐쇄형) 질문은 대화자가 두어 마디의 말로 간단히 대답하거나 '예' 또는 '아니요'로 대답하게 하는 질문이다. 가령, "오늘 기분이 좋습니까?"라든지 "주소가 어디지요?"와 같은 것들이다.

열린(개방형) 질문은 대화자로 하여금 자유스럽게 이야기하도록 유도하는 질문이다. 주로 '무슨' '어떻게' '왜' '예를 들면'과 같은 단어를 사용하여 질문을 하는 것이다. 우리는 TV에서 대담을 진행하는 아나운서나 사회자가 두어 번의 개방형 질문을 사용하여 출연자에게 많은 내용의 이야기를 피력하도록 하는 것을 목격할 수 있다. 뛰어난 대화의 능력자일수록 열린 질문을 적절하게 사용한다.

⑤ 이야기의 흐름을 따라가기

우리는 상대방의 이야기를 경청하면서 부지불식간에 그 이야기의 흐름을 차단하여 이야기를 중단시킨다. 그러니까 상대방은 말을 끄집어냈다가 자기가 할 말을 다 끝마치지 못한 채 어쩔 수 없이 다른 사람이 이야기하는 것을 들어주어야 하는 경우가 있다. 예를 들어 보자.

R씨: 요즈음 만성 피곤증으로 아무것도 할 수 없었거든. 누가 내 얼굴색이 검어졌다고 하면서 병원에 가 보라고 해서 검진을 받아 보았지. 그랬더니 간 수치가 아주 높다는 거야. 간염이라는군.
M씨: 저런……, 그래서 약은 복용하니?
R씨: 응, 일주일 되었는데 조금 나아진 것 같아.
M씨: 얼굴이 검기로는 강민영 같은 사람도 없을 거야. 그 친구는 흑인 같아. 너 그 친구 소식 들어 봤니?

이때 M씨가 화제를 친구 강민영 씨의 안부로 돌리고 싶다면, 화제를 조금 바꾸고 싶다는 뜻을 먼저 표현한 다음에 자연스럽게 화제를 돌리도록 한다. M씨는 이렇게 말할 수 있다.

"그런데 말이야. 이야기가 약간 다른 방향으로 흐르는 것 같기는 하지만, 얼굴이 검기로는 강민영 같은 사람도 없을 거야. 그 친구 소식 들어 봤니?"

제3단계: 상대방의 마음을 읽어 주기

상대방의 이야기를 듣고 나서 그가 느끼는 감정과 생각하고 있는 것을 듣는 사람(청취자)이 헤아려 보고 나름대로 그에게 확인시켜 주는 것을, 로저스(Rogers)는 '공감적 이해(empathic understanding)'라고 하였다. 이것은 상담 시간에 카운슬러가 내담자의 마음을 읽어 주는 기본적인 기술이다. 내담자의 호소를 경청할 때 상담자는 잠시 동안 자신의 시각은 잊어버리고, 내담자의 애로점과 문제 상황을 그 내담자의 눈으로 보고 그의 가슴으로 느껴 보는 것이다. 이렇게 하여 상담자에게 비친 내담자의 마음을 마치 반사경처럼 비추어 주면서 상담자의 언어로써 공명해 준다. "선생님, 어쩌면 제 마음을 그렇게 잘 이해해 주세요."라거나 "바로 그거예요."와 같은 반응이 내담자에게서 나오면 상담자의 공감 능력이 뛰어나다고 할 수 있다.

이러한 공감의 기술은 비단 상담과 심리치료의 장면뿐 아니라 거의 모든 인간관계에서 아주 중요하다. 우리에게 봉착되는 인간사는 우리의 힘으로는 다 해결할 수 없는 경우가 많다. 대가족의 가장이 갑자기 사망하여 집안 경제가 난파선처럼 좌초되었다고 할 때, 상담을 통하여 그 집안의 경제를 회생시켜 주는 것은 불가능하다. 그러나 카운슬러는 역경과 위기에 처한 내담자의 고통스러운 마음을 헤아려 줄 수 있다. 카운슬러에게서 격려와 공감적인 이해를 받게 되는 것 자체가 내담자에게는 힘이 되고 지지가 되는 것이다. 이처럼 공감의 위력은 대단하다.

예컨대, 당신에게 요즈음 처리해야 할 중요한 업무가 있다고 하자. 업무를 의례적으로 해결하기 이전에 당신 쪽에서 업무와 관련된 사람의 마음을 읽어 줄 수만 있다면, 사무 처리는 훨씬 원활하게 될 수 있다. 그러므로 뛰어난 지도자는 뛰어난 공감 능력의 소유자라고 해도 과언이 아니다. 대부분의 사람이 대인관계에서 소외감, 좌절, 오해, 원망, 증오를 느끼는 것은 자신의 마음이 제대로 이해받지 못하기 때문이다. 다시 말해서, 많은 사람은 상대방의 마음에 공명하고 공감을 표현하는 기술이 부족하다. 그러기에 부부간, 부모-자녀 간에 서로 사랑하면서도 심각한 오해가 일어나고, 그 악순환의 소용돌이는 급기야 폭력, 별거, 이혼으로 몰고 가는 경우가 많다. 그것은 사랑하지만 사랑하는 방법이 서투르기 때문일 것이고, 구체적으로는 공감 능력이 부족하기 때문이다.

상대방의 마음을 읽어 주는 데는 감정을 반영해 주기와 생각을 반영해 주기의 기법이 있다. 이때 특별히 유념할 것은 원활한 의사소통을 방해하는 말, 즉 의사소통의 걸림돌을 사용하지 않도록 하는 것이다.

① 감정을 반영해 주기(공감)

공감은 상대방의 이야기를 듣고 그 이야기의 배후에 깔린 마음, 즉 느낌과 감정을 잘 읽어 주는 것을 말한다. 전형적인 공감의 기술은 다음과 같이 표현된다.

"당신이 ~할 때는(~하니까) ~한 느낌이 드는군요."
You feel ~ when ~ (또는 because) ~

특별히 두 사람 중에 어느 한쪽이 심각한 애로 사항을 호소하거나 정서적으로 혼란해져 있을 때는 다른 한쪽에서 그의 마음에 공명하여 공감적인 반응을 보내 주는 것이 가장 큰 도움이 된다. 그런데 많은 경우에 청취자는 이 일을 수행하는 데 실패한다. 왜냐하면 대화를 주고받으면서 상대방의 긴박한 상황과 정서적 위기에 주의를 기울이기보다는 자신의 입장을 방어하려는 생각에 사로잡혀 있기 때문이다. 그래서 반응적(reactive)으로 나오는 것이다. 예를 들어 보자.

아들(고 2): 아유, 속상해 미치겠네.

엄마: 무슨 일이 생겼니?

아들: 이번 주에 시험본 영어, 수학 성적이 형편없어요. 엄마, 죄송해요. 엄마가 저를 위해서 신경 써 주시는데 제가 공부를 못해서…….

엄마: 네가 공부는 안 하고 잠만 잘 때부터 알아봤다. 잘했다, 잘했어. (빈정대기) 그래, 성적이 대학교 입학시험에 반영되는데 너 어떻게 할 작정이냐? (심문하기)

아들: (고개를 수그리고) 죄송해요.

엄마: 아이고, 내 팔자야. 너 때문에 내가 제명에 못 죽는다. 네가 우리 집을 망쳐 놓는다니까.(탓하기) 무자식이 상팔자라는 말이 맞지……. 아유, 지겨워!

아들: (험악한 눈초리로) 그래요. 나 때문에 이 집이 망해요. 나만

없으면 되겠네요. 제가 당장 집을 나갈 테니까 앞으로 절대로 나를 찾지 마세요……. 난 있으나마나한 자식이니까요.

엄마: 아니, 요녀석이! 애써 키워 놓으니까 말끝마다 대꾸해! 어서 냉큼 네 방으로 들어가지 못하겠니? (위협하기) 아유, 속상해!

아들: 쾅! (문 닫고 자기 방으로 들어간다.)

앞의 예에서 정서적으로 몹시 힘든 상황에 있는 사람은 아들이다. 그런데 어머니는 아들의 마음 상태를 헤아리고 그의 감정을 읽어 주는 대신에 자신의 감정과 생각에 몰두해 있다. 그리하여 휘청대는 아들을 상대로 하여 넋두리를 한 것이다. 만약에 어머니가 다음과 같이 나왔더라면 얼마나 좋았을까?

아들: 아유, 속상해 미치겠어.

엄마: 무슨 일이 생겼니?

아들: 이번 주에 시험본 영어, 수학 성적이 형편없어요. 엄마, 죄송해요. 엄마가 저를 위해서 신경 써 주시는데 제가 공부를 못해서…….

엄마: 네가 시험을 망쳐서 몹시 속이 상하였구나. (공감하기)

아들: 네, 엄마 죄송해요.

엄마: 그래. 엄마도 속이 상한다. 다음번에 더 잘하도록 노력하려무나. 그럼 되겠지? (격려하기)

아들: 네.

또한 두 사람이 대화를 나누면서 진지한 교류가 이루어지려면, 자기가 존경과 온정 어린 배려를 받고 있다는 느낌이 전달되어야 한다. 그것은 상대방이 자신을 인격적으로 예우해 주며 수용해 주고 자신의 행복을 바라는 마음이 있다는 것이 직접·간접적으로 전달될 때 가능하다. 공감적으로 반응해 주게 되면 이런 배려심이 가장 잘 전달된다고 하겠다.

공감은 엄격히 말해서 동정도 아니고 승인, 동의, 동감, 수용도 아니며 지지도 아니다. 그것은 내가 상대방의 생각이나 감정을 논리적으로는 동의하지 않지만, 심정적으로는 충분히 이해할 수 있다고 표명하는 것이다.

② 생각을 반영해 주기

상대방의 이야기를 경청한 다음에 그의 마음을 헤아려 주는 방법으로써 그가 생각하고 인식하는 바를 지적해 주기도 한다. 이를 위하여 바꾸어 말하기와 질문하기의 방법을 사용할 수 있다.

한세계 씨는 이렇게 말하였다.

"저는 미친 듯이 일하고 근검절약하며 20년을 살아왔어요. 그런데 나를 되돌아보니까 넓은 세상은 전혀 볼 줄 모르고, 좁은 골목 안에서 사는 개미와 같다는 것을 깨닫게 되었죠. 그리고 저의 내면에서 자꾸만 '자유롭게 날아라. 떠나라. 널 기다리고 있는 수많은 눈망울을 찾아가라. 그리고 웃어 주어라.'는 소리가 들려왔습니다. 그래서 잘나가는 직장을 미련 없이 버리고 세계를 여행하였습니다. 지금은 제3세계의 구호사업에 종사하고 있어요."

당신은 한 씨의 생각에 대하여 이렇게 반영(反映)해 줄 수 있다.

"선생님은 돈만 벌고 사는 일상생활에 안주하기보다는 좀 더 넓은 세상을 알고 싶었군요."
"당신의 삶의 의미랄까, 인생관은 결국 제3세계를 위해서 무언가 보람된 일을 하는 것일까요?"

③ 의사소통의 걸림돌을 사용하지 않고 배려하기

우리는 이야기를 나누다가 상대방이 어떤 고충을 털어놓으면, 그를 도와주고 싶은 마음에서 상대방이 요청하지 않았는데도 내 쪽에서 부질없이 충고하고 명령과 지시도 한다. 또한 그의 마음을 위로해 주려는 뜻에서 회유하는 발언도 한다. 그러나 이런 반응을 받게 되면 어쩐지 자신의 마음이 충분히 이해받지 못하고 있다는 느낌을 갖게 되고, 상의하고 싶은 마음이 사라지기도 한다. 그러니까 선의를 가지고 보낸 나의 충고, 명령, 지시 등의 반응이 그 사람과의 교류를 방해하는 것이다. 그래서 이런 반응을 의사소통의 걸림돌이라고 한다. 특별히 해독을 끼치는 발언은 투사 내지 책임전가다. 그리고 위협적인 말과 폭력은 상호 간의 교류를 가로막는 해악을 끼치며 상대방의 인권을 무시하는 행위이고 범법행위가 된다. 상대방과 대화하기를 진정으로 원할 경우는 욕설, 폭언, 폭력의 사용은 중단하고 이야기를 시작해야 한다. 이러한 것들은 상대방을 통제하는 기제다.

일반적인 의사소통의 걸림돌은 다음과 같다.

- 명령하기: "네가 해야 할 일은 ~이다." "불평은 그만해라."
- 충고하기: "넌 이렇게 하는 것이 좋다."
- 회유하기: "실제로는 그렇게 나쁜 것이 아니야." "모든 게 다 잘 될 거야."
- 심문하기(따지기): "네가 어떻게 했길래 그렇게 되었니?"
- 관심 돌리기: "그 일은 걱정하지 말아라. 잊어버리고 ~나 하려무나."
- 심리분석하기: "네가 왜 그렇게 말했는지 아니?" "너는 지금 불안정해."
- 빈정대기: "흥, 잘하는 짓이다." "못된 송아지, 엉덩이에 뿔이 났구나."
- 해결사 노릇하기: "해결책은 아주 간단한 거야~. 이렇게 하면 되잖아."
- 도덕적 판단하기: "~하는 것이 옳았다." "그건 나쁜 짓이야."
- 탓하기(책임전가, 타인귀인): "이것은 모두 다 너 때문이야."

- 욕설, 위협적인 말과 폭력: "이 망할 녀석, 너 그렇게 나가면 나는 ~할 거다. 어디 한 대 맞아 볼래?"

④ 나의 지각을 확인해 보기

이것은 상대방의 뜻과 마음을 내가 제대로 이해하고 있는지를 내 쪽에서 확인해 보는 것이다.

의사 확인의 능력을 발전시키기 위해서는 '앵무새 노릇하기(parroting)'가 좋다. 듣는 사람이 송신자의 말을 앵무새처럼 따라 하는 것이다. 그리고 상대방의 제스처, 얼굴 표정, 어조를 그대로 모방해 보는 것이다. 이어서 바꾸어 말하기, 요약하기 또는 공감하기의 반응을 보내고 나서 내가 제대로 지각하고 있는지를 확인해 보는 것이다. 지각 확인의 기술을 다음의 대화 속에서 찾아보기로 한다.

철민: 선생님, 저는 아무리 공부를 해도 성적이 오르지 않아요. 정말 미치겠어요.
교사: 너는 아무리 공부를 해도 성적이 오르지 않는구나. 정말 미칠 지경이구나. (앵무새 노릇하기)
철민: 네. 너무너무 힘들어요.
교사: 아무리 공부를 해도 성적이 오르지 않으니까 힘들고 네 마음이 몹시 괴롭구나. (공감해 주기)
철민: 네. 저는 좋은 대학에 들어가기는 틀린 것 같아요. 공부는

집어치우고 다른 방향으로 나가고 싶은데 어느 방향으로 가야 할지 알 수가 없어요. 제가 잘하는 것이 무엇인지도 모르겠고……, 또 저는 직업 분야에 대해서나 취직자리 같은 것도 전혀 알지 못하거든요.

교사: 그러니까 넌 공부보다는 직업전선으로 뛰어들고 싶은데 일자리나 직업의 세계에 대해서 아는 것이 없어서 고민이라는 말이지? (요약해 주기) 내가 네 마음을 제대로 이해하고 있다고 보니? (나의 지각을 확인해 보기)

철민: 네.

내가 상대방의 이야기를 경청한 다음에는 상대방의 마음을 정확히 헤아리고 있는지를 확인해 보는 것이 의사 교류를 촉진시켜 준다.

제4단계: 상대방의 욕구와 문제점을 확인해 주기

어떤 사람의 이야기를 들으면서 그가 원하는 바가 무엇이고, 문제점이 무엇인지를 내 쪽에서 분명하게 확인시켜 주는 일은 당사자에게도 도움이 될 뿐만 아니라, 두 사람 간의 긴장과 갈등을 풀어 주는 시발점이 된다. 이는 카운슬링의 과정에서 대략 다음과 같은 형식으로 언급된다.

"당신은 ~에 애로를 느껴 왔는데 지금부터는 ~하고 싶다는 것이지요?"

You can~t ~and now you want~

자, 이제 이 책의 '의사소통은 어떻게 이루어지는가' 장에서 소개되었던 그림(p.48)을 가지고, 아버지가 아들의 욕구를 확인해 주는 방식으로 대화해 보자.

부자간의 대화-욕구를 확인해 주기(또는 공감해 주기)

아들이 "아빠 심심해요. 나하고 같이 놀아요."라고 말할 때 아버지 쪽에서 아들의 마음을 읽어 주기만 하면 원만한 관계가 이루어질 수 있다. 아빠가 아들의 욕구가 무엇인지를 잘 헤아려 주는 것은 아빠가 아들에게 천국(天國)을 선사하는 것과 같다.

또 부부간의 대화 그림(p.49)을 가지고, 남편이 아내의 욕구를

부부간의 대화-욕구를 확인해 주기

확인하고 아내의 마음에 공감해 주는 방식으로 대화해 보자.

아내의 욕구를 확인해 주는 식의 대화법을 구사하는 남편은 아내에게 값비싼 다이아몬드나 사파이어 반지를 선사하는 남편보다 훨씬 더 감미로운 사람이다.

상대방의 문제점과 욕구를 명료화하기 위해서 다음과 같은 질문을 던지는 것이 도움을 줄 수 있다.

- "당신이 참으로 원하는 것은 무엇인지요?"
- "당신의 삶 중에서 현재 무언가 부족하다고 느끼는 것은 어

떤 것들입니까? 그리고 지금 당장 가장 절실하게 충족되기를 바라는 것은 그중에서 어떤 것일까요?"

앞에서 언급한 철민이와 교사 간의 대화를 보면 한쪽은 사연을 호소하는 사람이고, 다른 한쪽은 이야기를 경청하고 도와주는 입장에 서 있다. 그러니까 도움을 주려고 하는 사람은 비교적 객관적인 관점에서 담담하게 상대방의 호소를 경청할 수 있다.

그런데 두 사람이 부부간이라든가, 부모-자녀 간, 친구 간, 사업상의 동료, 상사와 부하 사이처럼 상호 간에 이해 상관이 있고, 감정적으로 밀착되어 있는 처지에서 대화가 이루어진다고 하자. 이때 한쪽이 사연을 호소하는 사람이고 다른 한쪽은 그의 이야기를 경청하게 될 텐데, 경청자가 비교적 객관적인 입장에서 담담하게 상대방의 하소연을 듣고 이해해 주기란 결코 쉬운 일이 아니다. 서로 간에 감정이 개입되어 있어서 객관적인 평가와 인식을 갖기 어렵기 때문이다.

부인 현수진 씨와 남편 조성길 씨의 대화를 엿들어 보자.

부인: 여보, 가을이 되니까 마음이 스산하고 쓸쓸해요. 나이드는 것은 슬픈 일이죠. 삭신도 여기저기 쑤셔요. 사는 것이 재미가 없네요.
남편: 호강에 겨운 소리 좀 작작해요.
부인: 여보, 삭신이 아픈 것도 아픈 거잖아요!

남편: 아니, 내가 언제 당신을 혹사시켰단 말이요? 밖에 나가 밥벌이하는 부인들도 있는데 그런 사람들은 아프다는 소리도 안 합디다.

부인: 그래요. 당신 잘났구려. 내가 집에서 살림하고 지낸 것이 그렇게도 배가 아팠어요? 내가 기어코 밖에 나가 일을 해야만 직성이 풀린다는 거죠? 나 데리고 그 흔한 해외여행 한번 해 봤나요? 어쩌면 저렇게 인정이 없을까?

현수진 씨의 말을 남편이 듣고 부인의 마음을 헤아려 주며 그녀가 원하는 것이 무엇인가를 밝혀 줄 수 있었더라면, 두 사람은 무난히 대화를 끝냈을 것이다. 그런데 남편은 부인을 공격하는 발언으로 자신을 방어하고 있다. 그러니까 아내도 지지 않으려고 남편에게 역공을 하게 된다. 이리하여 두 사람은 예고 없이 힘겨루기(power struggle)의 관계로 발전하고 있다.

남편이 다음과 같이 대꾸할 수 있다면 그는 멋진 대화자다.

부인: 여보, 가을이 되니까 마음이 스산하고 쓸쓸해요. 나이드는 것은 슬픈 일이죠. 삭신도 여기저기 쑤셔요. 사는 것이 재미가 없네요.

남편: 가을이 되니까 마음도 쓸쓸하고 삭신이 아파서 당신이 서글픈 감정이 드는 모양이군. (감정을 반영해 주기-공감)

부인: 네, 그래요. 재미가 없어요.

남편: 당신이 쓸쓸한 마음을 떨쳐 버리고 어디 재미있게 사는 길이 없는가 궁금하다 이 말 아니에요? (욕구와 희망 사항 확인하기)

부인: 네 맞아요. 여보, 우리가 크게 돈 들이지 않더라도 가끔씩 즐겁게 지낼 방법이 없을까요?

남편: 글쎄……, 어디 한 번 생각해 봅시다.

공감적 반응이나 욕구의 확인 반응이란 상대방의 희망 사항에 응해서 그 소원을 곧바로 들어준다는 뜻이 결코 아니다. 그러니까 부인이 '쓸쓸하다'고 호소할 때, 남편이 '그럼, 우리 둘이서 여행 갑시다.'라는 처방을 내리고 그 부인의 욕구대로 곧바로 응해 주어야 한다는 뜻이 아니다. 대부분의 사람은 바로 이 점을 오해한다. 그런데 문제는 감정에 얽혀 있는 부부 사이에서 어느 한쪽의 배우자가 마치 카운슬러나 가족치료자처럼 상대방에게 공감해 주거나 요약해 주기가 쉽지 않다는 점이다.

그럼에도 불구하고 아주 중요한 일을 논의해야 하거나 심각한 가족 갈등이 만성적으로 지속될 때는 가족 중 어느 한쪽이 리더십을 발휘해야 한다. 리더십은 공감의 기술과 상대방의 문제점과 욕구를 확인하는 기술을 통해서 발휘될 수 있다.

현수진 씨와 조성길 씨의 사례로 다시 돌아가 보자. 남편과 아내 중에 정서적으로 욕구 충족을 절박하게 갈망하는 쪽은 아내다. 그러므로 남편 쪽에서 아내의 마음을 읽어 주는 역할을 자연스럽게 담당하도록 남편의 자세가 준비되어야 하겠다. 남편은 자신의 처지나 감정을 일단은 접어 두고, 우선은 아내의 호소를 경청해 주어야 한다. 그래서 아내의 공허한 느낌에 공감해 주는 역할과 아내가 원하는 바를 확인하는 역할을 해 주는 것이다. 현수진 씨는 자신의 쓸쓸했던 마음이 남편에게서 이해받고 수용되었다는 것 자체만으로도 충분히 흡족하게 여길 수 있다.

만약 현수진 씨가 남편에게 불만이 많고, 남편 조성길 씨는 여러 가지 사정으로 아내의 고독감을 풀어 줄 만큼 시간적·경제적 여유가 없는 상황이라고 하자. 이런 처지에 있더라도 남편은 무조건 자기방어하기보다는 일단은 아내의 말을 경청해 주는 것이 필요하다. 그리고 난 다음에 자신의 입장을 밝히면 되는 것이다. 이것이 성숙한 대화자의 태도다.

자, 이들 부부의 대화를 이제는 남편 쪽에서 아내의 마음을 이해해 주면서 동시에 남편 자신의 생각도 피력하는 방식으로 이끌어가 보자.

    부인: 네, 맞아요. 여보, 우리가 크게 돈 들이지 않더라도 가끔씩 즐겁게 지낼 방법이 없을까요?
    남편: 글쎄……, 어디 한번 생각해 봅시다.
    부인: 여보, 우리가 앞으로 산다면 얼마나 더 살겠어요? 당신은 허구한 날 일 속에 파묻혀 살고, 나는 항상 외톨이고…….
    남편: 당신도 알다시피 내가 하는 일이 늘 그렇지 않소! 아침부

터 저녁까지 현장을 떠날 수가 없어요. 게다가 내가 평소에 여행이나 놀러 다니며 살아온 것도 아니니까, 논다는 것이 나에게는 익숙하지가 않거든. 당신은 시간이 많지만 내가 시간이 없어요.

부인: 그럼 난 항상 외톨이로 지내란 말이에요? 이제는 당신 건강도 챙기고 가정도 챙길 나이예요.

남편: 알았소. 앞으로는 시간을 내서 가까운 곳에 함께 놀러갈 수 있는지 한 번 생각해 봅시다.

제5단계: 해결 방안을 탐색하고 실천하도록 도와주기

두 사람이 대화하면서 한쪽이 고민을 털어놓으면 상대방은 즉각적으로 충고를 하거나 어떤 해결 방안을 제시하는 것이 한국인의 일반적인 관례다. 유교적인 영향을 받고 자란 한국 사람들은 누군가가 자기에게 상의하며 도움을 요청하게 되면, 자신은 곧바로 속 시원한 해결 방안을 제시하거나 충고 내지 훈계를 해 주는 것이 마땅한 도리라고 생각한다.

그런데 내가 누군가를 정신적으로 도와준다든지 조력한다는 것은 내 쪽에서 그 사람의 문제를 담당하여 해결사 노릇을 해 준다는 것을 의미하진 않는다. 참된 의미에서 조력활동이란 그로 하여금 자신이 처한 상황과 자신의 세계를 확실하게 인식하여 문제 해결에 대한 여러 가지 방안을 찾아내게 하고 자율적으로 문제를 해결할 수 있는 능력을 길러 주는 것이다. 다시 말해서 상대방이 자기이해와 자기관리의 능력을 터득하여 발전하도록 옆에서 지켜보며 도와주는 것이다.

문제 해결의 방안은 브레인스토밍(brainstorming)의 과정을 통하여 탐색된다. 그리고 두 사람 간의 갈등을 해결하기 위해서는 제3장에서 설명한 포용적 대처 방법을 시도할 수 있다.

제6단계: 자신과 세상에 대한 관점을 확장시켜 주기

당신은 누군가와 진지하게 당신 문제를 상의하거나 전문적인 심리상담을 받고 나서, 지금까지 자신이 살아온 인간관계나 문제 해결 방식이 너무도 융통성이 없었다는 것을 발견한 적이 있을 것이다. 누군가가 당신의 조언을 구할 때 당신 쪽에서 상대방의 인식이나 세상에 대한 시야를 넓혀 주도록 인도할 수 있다면 당신은 매우 유능한 대화자라고 할 수 있다.

자신과 세상에 대한 조망(眺望)을 확장하도록 도와주는 기술로는 피드백 보내기, 직면화하기, 해석해 주기, 다른 관점에서 바라보기 등이 있다.

① 피드백 보내기

피드백(feed-back)이란 상대방에게서 어떤 반응이 일어난 직후에 내 쪽에서 상대방을 어떻게 지각하고 있는지에 대하여 알려 주는 언어 반응이다.

이진기(중3) 학생은 아버지에게 구타당한 후에는 습관적으로 무단결석하고 가출해 버린다. 이진기는 보름 만에 학교에 출석하였다. 당신이 담임이라고 할 때, 다음과 같이 피드백하여 줄 수 있다.

"진기야, 네가 이번에도 가출은 하였지만 또 다시 학교에 왔구나. 내가 보기에 넌 집이 싫고 학교도 싫지만 또 한편으로는 학교에 오고 싶은 마음이 강했던 것 같구나."

교사나 부모가 자녀의 행동에 대하여, 그리고 기업체에서는 관리자가 부하 직원에 대하여 피드백을 보내는 경우가 허다하다. 이때는 '잘했다'거나 '잘못했다'고 하는 피드백, 즉 평가적인 피드백을 하게 된다. 그러한 평가적인 피드백을 하게 될 때도 가능한 한 객관적인 증거를 제시하면서 담담한 어조로 실행해야 한다. 그리고 부정적 피드백(비난과 처벌)의 횟수보다 긍정적인 피드백(칭찬)이나 강점을 지적해 주는 횟수가 더 많도록 해야 한다. 또한 피드백을 할 때는 사실 자체 또는 행동 자체에 대하여 진술하되, 그의 인간 됨됨이를 평가하지는 않도록 조심해야 한다. 예를 들어, "넌 형편없는 인간이야."라고 하지 않고, "네가 거짓말을 한 것은 잘못된 행동이야."라고 지적해 주도록 한다.

② 직면화하기

직면화 내지 맞닥뜨림(confrontation)은 상대방의 사고, 행동이나 이야기 내용에서 모순점이 발견될 때, 그 점을 지적해 줌으로써 그가 모순점을 자각하도록 도와주는 것이다. 그러나 직면화는 자칫 '도전' 또는 '비난'으로 오해할 소지가 있고, 상대방이 방어적으로 나오도록 만들 수 있다. 직면화를 할 때는 상대방이 보이는 불일치나 모순점을 객관적으로 서술하되 담담한 어조로 지적해 주어야 한다. 그 방법은 다음과 같다.

"한편으로는 ××(경제와 현실)를 소중히 여기고, 또 한편으로는 ○○(방랑과 자유)를 소중히 여기는군요. 이 두 가지 모순된 면을 어떻게 통합시키겠습니까?"

"당신은 아버지가 돌아가셨다고 말씀하시면서 미소를 짓고 있네요. 슬픈 감정을 표현할 때 웃는 것이 내겐 이상하게 보입니다. 혹시, 아버지가 돌아가신 것이 당신에게 후련하다는 느낌을 주는 건가요? 아니면 평소에도 당신은 슬픈 내색을 억제하고 감추는 편입니까?"

③ 해석해 주기

해석해 주기는 대화자의 이야기를 듣고, 그와 전혀 다른 견해나 그가 미처 깨닫지 못한 자기 행동의 역동성(力動性)에 대해서 설명해 주는 것이다. 예를 들어, 평소에 아주 예의 바르고 친절하고 겸손한 도 씨는 잠꼬대가 심하다. 잠꼬대를 하면서 욕설과 주먹질을 하여 아내를 치기도 한다. 이때 당신은 카운슬러와 같이 가설적인 문장 형태를 사용하여 해석해 주기를 시도할 수 있다.

"당신의 폭력적인 잠꼬대를 이런 관점에서 바라본다면 어떨까요? 혹시 당신은 사람들에 대한 섭섭함이나 원망, 분노를 평소에 너무 강하게 억누르기 때문에 잠꼬대로 나타나는 것은 아닐까 하고요. 이건 어디까지나 하나의 가정에 불과합니다."

또한 어떤 부정적인 사건에 대하여 상대방이 줄곧 생각해 온 방향과는 전혀 다른 각도에서, 즉 긍정적인 관점에서 해석해 줄 수 있다. 이것이 재해석하기(reframing)다. 재해석하기는 부정적 상황 속에서도 내담자가 희망과 자신감을 얻을 수 있도록 새로운 가치와 의미를 발견하게 도와주는 기능을 한다. 예를 들어 보자. 일생 동안 남편에게서 지극한 사랑을 받으며 행복하게 살고 있던 Y씨는 갑작스럽게 남편의 죽음을 겪어야 했다. Y씨는 자기 인생은 끝장이라고 단정하고 슬픔 속에 잠겨 있다. 이때 당신은 '남편의 사망=내 인생의 끝장'이라는 그녀의 공식을 다른 공식으로 바꾸어 보도록 촉구할 수 있다.

"물론 Y씨께서는 얼마나 슬프고 절망하셨겠습니까? 하지만 이렇게 생각해 보면 어때요? 지금까지는 주어진 복을 받기만 하고 수동적으로 살아왔다면, 앞으로는 내 쪽에서 인생을 개척해 가는 적극적인 삶을 살아가야 하겠지요. 내가 행복을 만들어 가는 인생 말입니다. 그러니까 '남편의 사망=내 인생의 새로운 시작이요, 도전'이라고 보면 어떨까요?"

④ 다른 관점에서 바라보기

몇 달 전에 바람이 나서 두 명의 자녀와 가정을 팽개치고 먼 곳으로 도망가 버린 아내를 맹렬하게 비난하는 T씨의 이야기를 들어 보자.

지난 10년간 T씨는 가난한 처가를 도와주면서도 가끔씩 그 문제를 가지고 아내를 멸시하였다. 아내는 1년 전부터 어떤 사람과 영업을 하기 시작하여, 자주 집을 비우고 서울과 여러 도시를 왕래하게 되었다. T씨는 네까짓 게 돈을 벌면 얼마나 버느냐는 식으로 아내를 무시하고 생활비도 일정하게 주지 않았다. 그리고 예쁘게 생긴 아내를 정신적으로 괴롭히는 것에서 쾌감을 느끼던 T씨는 다른 여자와 잠깐씩 연애도 하였다. 그러다가 갑자기 아내가 가정을 버리고 도망간 것이다. 두 자녀 때문에 아내와 이혼할 수도 없고, 또 자신은 그래도 진심으로 아내를 사랑하고 있다는 것이 T씨의 말이다. 그가 아내에게 분노하는 것은 자기가 처가를 10년간 도와주었다는 것, 남자가 잠시 동안 외도한 것쯤은 아내가 눈감아 주어야 한다는 것, 또 아내가 자신을 하늘처럼 공경하지 않았기 때문에 아내의 관심을 끌기 위해서 잠시 연애를 한 것이며 자신은 결코 가정을 버리지 않았다는 것, 그런데 아내는 가정을 버렸다는 것이다.

이때 당신은 T씨로 하여금 이 문제를 다른 각도에서 바라보도록 도와줄 수 있다. 먼저 당신은 T씨의 마음을 충분히 공감해 준 다음에 조심스럽게 다음과 같이 질문함으로써 T씨가 다른 조망(眺望)을 갖도록 도와줄 수 있다.

"부인이 선생님에게 입버릇처럼 말한 불만의 내용이나 불평거리는 무엇이었죠? 본가나 처가의 식구들은 부인을 어떻게 보는가요? 부인의 친구들은 무어라고 하던가요?"

이것은 아내의 외도를 T씨의 관점뿐만 아니라, 다른 사람의 입장과 환경적 영향을 이해하는 관점에서 바라보도록 유도하는 질문이다.

우리는 T씨의 사고방식에 많은 오류와 편견이 있고, 그것이 이들의 부부생활에 끼친 악영향이 지대하다는 것을 알 수 있다. 만약에 T씨가 자신의 애로 사항에 대하여 진지하게 상의하고 싶어 한다면, 당신은 그의 왜곡된 사고방식 내지 그릇된 인지 양식을 지적해 줄 수 있을 것이다. 당신은 그에게 상담심리학의 이론 중에서 합리적·정서적 행동치료나 인지치료의 이론을 소개해 줄 수 있다. 그리하여 자신의 잘못된 사고방식 내지 인지 체계를 올바르고 합리적인 것으로 교체하도록 인도할 수 있다. 이때 당신은 그를 정죄(定罪)하거나 윤리적으로 책망하고 비난하지 말아야 한다.

자기가 취한 행동과 문제에 대한 통찰을 얻도록 우리는 비교적 객관적인 입장에서 조심스럽게 대해야 한다. 다른 관점에서 자신의 행동과 문제를 바라보도록 질문하는 것이나, 직면화를 위한 질문은 모두가 상대방의 자기 이해를 돕기 위한 것이다.

우리는 T씨에게 자신의 역기능적 관계 양식을 깨닫도록 자극하며, 변화를 촉구하도록 다음과 같이 질문을 하여 맞닥뜨려 줄 수 있다.

"T선생님은 결코 가정을 버리지 않으며 아내를 사랑하고 계신다고 말씀하셨지요? 선생님은 가정과 아내를 소중하게 지키기 위해서 어떤 행동을 취해 왔습니까?"

"T선생님께서 처가를 무시하고, 아내에게 생활비를 주었다 안 주었다 하셨고, 또 일부러 아내 앞에서 다른 여자와 사귀기도 하셨군요. 그렇게 한 행동이 가정을 지키고 부부생활을 원만하게 하는 데 도움이 되었나요?"

"지금 T선생님은 부인을 맹렬하게 비난하고 증오하시는데, 그렇게 하면 부인께서 T선생님에게 다시 오리라고 생각하십니까?"

"만약에 T선생님 쪽에서 변화하고 싶다면 어떻게 되고 싶습니까? T선생님이 변화한다면 부인과 처가와 본가에서 T선생님을 어떻게 바라볼까요? 무슨 일이 일어나리라고 생각하십니까? 어떤 계획을 짜 보겠습니까?"

이와 같은 직면화는 현실요법(reality therapy)에서 상담자가 자주 사용하는 WDEP의 질문기법이다. 먼저 그의 욕구(Want: W)를 알아보고, 그가 취하는 현재 행동(Doing: D)을 살펴보며, 그가 취한 행동의 효과성에 대하여 평가(Evaluation: E)해 보도록 하는 것이다. 마지막으로 이런 상황에 근거하여 새로운 계획(Planning: P)을 수립하도록 원조한다.

가족치료에서 사용하는 순환질문법도 유용하게 사용할 수 있다. 순환질문법은 대략 다음과 같다.

"T선생님이 처가를 경제적으로 도와주시는 동안에 부인에게 가끔씩 무시하는 듯한 말씀을 하게 되셨군요. 그것이 부인에게 어떤 영향을 끼쳤을까요?"

"그래요. 부인이 내심으로는 T선생님께 감사한 면도 있지만 자존심이 몹시 상하게 되어 T선생님께 잘해 드리지 못하는 결과를 초래했군요."

"부인이 T선생님을 홀대하고 무시하니까, T선생님에게 복수심이랄까 그런 감정을 불러일으켜 주었군요. 그 결과로 다른 여자와 연애를 하게 하는 작용을 했군요. 그것은 또 부인에게 어떤 영향을 주었다고 보십니까?"

이와 같은 순환질문법은 문제의 발단 내지 역기능적 부부관계의 악순환적인 관계성을 T씨가 깨닫게 해 주는 데 큰 도움이 될 것이다.

이상에서 소개된 방법을 당신이 모두 구사할 수만 있다면, 대인관계 면에서 당신은 뛰어난 지도자요, 훌륭한 조정자가 될 수 있다. 이런 기술은 심리상담 전문가들이 카운슬링을 이끌어 가면서 곧잘 사용하는 전문적인 기술이기 때문이다.

인간관계의 문제와 갈등에 봉착한 사람에게 당신 쪽에서 마치 노련한 카운슬러처럼 이와 같은 대화기술을 구사하기는 현실적으로 매우 어려울 수도 있다. 그러나 당신이 어떤 문제를 진지하게 풀어 나가려고 할 때, 여기에서 소개된 의사소통의 기술을 적용하게 되면 마치 마술과 같은 효력을 창출할 수 있을 것이다. 앞에서 소개한 여섯 단계 중에서 다섯 단계까지 차근차근 숙지하면 상당히 뛰어난 대화자가 될 수 있다.

그런데 두 사람이 모두 감정적으로 혼란한 상황에서는 노련한 카운슬러처럼 문제 해결적인 대화 방식으로 그 상황을 잘 풀어 가기란 거의 불가능할는지도 모른다. 일단 두 사람이 흥분된 감정을 가라앉힌 다음에, 자신들이 처한 상황에 대하여 약간은 구경꾼이 된 듯한 자세로 초연하게 임하려고 노력한다면 효과적인 대화 기술을 구사할 수 있다. 두 사람은 먼저 문제 속에 휘말려 있는 자신들의 모습을 관조하는 태도가 요청된다. 그리고 나서 서로가 자신의 감정, 욕구, 견해 등을 공평하게 이야기해야 한다. 이어서 두 사람 사이에 나타난 차이점과 공통점을 발견해 내고, 그 차이점을 어떻게 타결해 나갈지에 대하여 함께 대안을 탐색해 보도록 한다. 마지막으로 쌍방이 만족할 수 있는 합의점이나 타협안을 도출해 내도록 한다.

두 사람이 상호 간에 문제 해결적 의사소통을 하는 단계를 다시 한 번 요약하면 다음과 같다.

- **1단계**: 흥분된 마음을 가라앉히고 조용히 각자의 모습과 문제점을 관조(觀照)해 본다. 따라서 서로 감정이 격해 있을 때는 그 상황에서 잠시 벗어나 있도록 한다.
- **2단계**: 상대방과 대화를 시작한다. 이때는 존경심을 가지고 그의 이야기를 잘 경청해 주며 그의 마음을 다음과 같이 헤아려 준다.

 "○○의 상황에서 당신은 ××한 감정을 느꼈군요. 그리고 당신은 ~하기를 바라는군요."
- **3단계**: 자기 자신의 감정과 욕구를 담담하게 말한다.

 "○○의 상황에서 나는 ××한 감정을 느꼈습니다. 그리고 나는 ~하기를 원합니다."
- **4단계**: 두 사람이 가지고 있는 욕구나 희망 사항의 차이점과 공통점을 찾아낸다. 그리고 그것을 확인한다.

 "당신은 ○○을 원하고 있고 나는 ××를 원하고 있어서 그것이 우리 두 사람 사이에 나타난 커다란 차이점이군요. 내 견해가 맞습니까? 그러나 우리 두 사람은 기본적으로 ~하게 지내기를 바란다는 점에서 서로 뜻을 같이하는 것이지요. 맞습니까?"
- **5단계**: 기본적으로 두 사람이 서로 뜻을 같이하는 목적 안에

서 그들이 가지고 있는 욕구나 생활 습관 등의 차이를 어떻게 조절하고 해결할 수 있는지에 대하여 피차간에 여러 가지의 대안을 탐색해 본다. 이것은 브레인스토밍의 과정이다.

"자, 우리 둘은 원칙적으로 '~하기로' 뜻을 같이하지요? 그런데 당신은 ××의 방식으로 그 문제를 해결하고 싶어 하고, 나는 ○○방식으로 해결하고 싶어 하는군요. ××방식과 ○○방식을 어떻게 조절할 수 있을까요? 그것에 대해서 함께 아이디어를 찾아봅시다."

- **6단계**: 두 사람이 합의점이나 타협안을 도출해 낸 것을 다시 한 번 확인하고, 그에 따라 실천하기로 결정한다.

"자 우리가 ~하기로 합의했지요. 오늘부터 당신은 ××하고 나는 ○○하는 겁니다. 그리고 우리 둘이는 ~하면서 함께 이 문제를 같이 풀어 나가도록 합시다."

❝ 문제 해결을 돕는 방안

브레인스토밍을 촉구하기

하나의 문제에는 여러 개의 해결 방안이 있을 수 있다. 심리적 고민에 싸여 있는 사람들은 그 순간에 여러 각도에서 해결적 대안을 생각해 볼 겨를이 없다. 그러므로 두 사람 중 한쪽이 문제를 제기한 당사자에게 다양한 문제 해결적 대안을 탐색해 보도록 중지수렴(衆智收斂), 곧 브레인스토밍의 기회를 제공할 수 있다.

상대방에게 브레인스토밍의 기회를 줄 때 고려할 사항은 두 가지다.

첫째, 어떤 문제를 해결하기 위한 대안을 다양한 각도에서 탐색해 보도록 촉구하기 위하여 질문자가 엉뚱하고 기발한 한두 가지의 대안을 먼저 제시하여서 대안 탐구에 대한 동기와 호기심을 유발시킨다. 이것은 확산적 사고를 통하여 창의성 계발을 촉구하는 것이다.

둘째, 상대방이 도출해 낸 대안에 대하여 좋다, 나쁘다는 평가를 일절 하지 않고 판단을 유보한다. 도출한 모든 대안에 대하여 평가적 발언을 하게 되면 다양한 아이디어의 산출이 위축되기 때문이다. 도출된 모든 대안에 대하여 장단점을 평가하고 분류, 심사하는 작업은 그다음에 이루어질 수 있다. 그리하여 현실적이고 유익하고 실용 가능한 한두 가지를 선택하거나, 이들을 조합한 다음에 제3의 아이디어로 채택할 수 있다. 이것은 수렴적 사고를 개발하는 과정이다.

상담을 인도하는 카운슬러의 경우, 대략 다음과 같이 브레인스토밍을 촉구한다.

"자, 선생님께서 ××의 애로점을 풀어 나가기 위해서는 어떤 방안이 있을까요? 우리 함께 생각해 봅시다. 우선은 ○○의 면을 검토해 보고 나서, 다음번에는 ○○의 면을 생각해 볼까요?"

Now, let us think about how to solve the problems. The first thing is to... And the second thing is to....

예를 들어 보자. 직장 여성인 조혜진 씨는 경제적으로 큰 어려움은 없는데 아들(4세)이 아토피성 피부염을 앓고 있다. 유치원에 다니기 전까지 가정에서 키우는 것은 사회성 발달에도 좋을 것이 없다고 판단하고, 서너 달 후에는 아들을 어린이집에 보내고 싶어 한다. 그런데 어린이집에서 아이들에게 주는 과자와 음료 등이 문제다. 이 문제를 가지고 조혜진 씨가 당신에게 이야기를 한다.

> 조혜진 씨: 제가 어린이집에 가서 보았는데요. 글쎄 방부제가 들어 있는 과자와 음료를 얼마나 많이 주는지요. 저는 돈은 더 비싸게 받더라도 좋은 음식으로 간식을 해 주는 곳에 보내고 싶은데 큰 걱정이에요. 교회의 탁아실도 마찬가지예요. 예배 드리는 시간 내내 엄마들은 모두 과자 봉지를 꺼내 놓고, 아이들은 한 시간 내내 해로운 과자만 먹고 있어요. 우리 아들의 건강 때문에 걱정이에요. 무슨 좋은 방법이 없을까요?

이때 당신에게 좋은 아이디어가 많이 있다고 하더라도 곧바로 당신의 아이디어를 제시하지 말고, 잠시 유보할 줄 아는 현명함이 필요하다. 그 대신에 당신은 조 여사 쪽에서 여러 가지로 대안을 찾아보도록 탐색적인 질문을 던지도록 한다. 즉, 브레인스토밍을 촉구하는 것이다. 당신이 가지고 있는 아이디어는 나중에 제시하는 것이 효과적이다.

> 당신: 아이들의 건강을 위해서 해로운 과자나 음료는 피하고, 몸에 좋은 간식을 만들어 주는 어린이집이라든지 적절한 육아 방안을 찾아보고 싶다는 것이지요? 어떻게 아이들을 건강하게 키울 수 있을까요?

조 여사: 글쎄요……. 우리 아파트에 어린이집이 있는데 그곳은 안 되겠어요. 웰빙(well-being)으로 신경 써 주는 어린이집이 있다는 소리는 못 들어 봤어요."

당신: 아무튼 우리끼리 기상천외한 방법도 한번 생각해 봅시다. 일단은 모든 아이디어를 찾아보고 나서 그중에서 가장 바람직하고 현실성 있는 것을 선택하는 일은 그다음에 하면 될 것 같네요. 가령, 아이들을 어린이집에 보내지 않고 파출부 겸 베이비시터를 채용하여 댁에서 키우는 것도 한 방법이겠지요. 그리고 또 혹시 아토피 질환 아동의 치료기관에 탁아시설이 있는지 알아보고 그곳에 보낸다든지요. 아무튼 여러 가지로 생각해 보는 것이 좋거든요. 또 어떤 방법이 있을까요?"

그리하여 조혜진 씨는 여섯 가지의 아이디어를 생각해 냈다. 당신이 제시한 것과 그녀의 아이디어는 다음과 같다.

① 베이비시터 겸 파출부를 채용하여 집에서 키운다.
② 아토피 질환 치료기관에서 운영하는 탁아소를 알아보고 그곳에 보낸다.
③ 생활정보신문에 난 광고를 통해서 좋은 어린이집을 알아보고 마땅한 곳이 없으면 광고를 낸다.
④ 직장 동료들에게 정보를 구한다. 그리고 여의치 않으면 같은

동료 몇 사람끼리 직장 주변의 어린이집을 방문하여 원장과 논의한다. 그곳에서 무공해 간식을 주는 조건으로 하여 동료 여럿이 그곳에 자녀를 맡기도록 타협해 본다.

⑤ 친구들이나 동료와 합자하여 자그마한 웰빙 어린이집을 운영하도록 계획한다. 소문이 나면 이 사업도 잘 될 수 있을 것이다.

⑥ 아파트 주변의 어린이집 중의 한 기관에 가서 자모들과 원장을 만나 협상한다. 처음 한 달 동안 웰빙 간식거리 중 절반가량을 자신이 제공하겠으니, 경험해 보고 차차 개선해 나가자고 제의한다. 그리고 아이들은 3일은 집에서, 또 3일은 어린이집에서 지내도록 한다.

⑦ 직장의 사장에게 직원 가족의 복지를 위하여 탁아시설을 마련해 줄 수 있는지 타진해 보고 건설적으로 건의해 본다.

⑧ 아이들을 치료해 주는 병원에 협조를 구하여 아토피성 아동들의 연락처를 알아낸다. 그리고 그 자모들과 공동으로 하여 어린이집을 운영할 수 있는지 알아본다.

이렇게 여러 가지의 해결 방안을 함께 찾아본 다음에는 도출된 아이디어 중에서 가장 현실적이고 현명한 것을 선택하도록 도와줄 수 있다. 조 씨가 선택한 방법은 ⑥, ④, ⑧, ⑤의 순서였다.

당신이 만약 카운슬러나 조력자라면 내담자에게 현명한 대안을 선택하는 것을 도와주는 것으로 대화를 끝마치지는 않을 것이다.

당신은 상대방이 선택한 대안을 가지고 어떻게 실천에 옮길 것인지를 생각해 보도록 계속해서 질문을 던질 것이다. 다시 말해서 계획의 수립 과정까지 원조할 것이다. 따라서 조혜진 씨에게 이렇게 말할 수 있다.

"정말 멋진 아이디어가 많이 나왔네요! 그런데 말이에요 앞으로 3~4개월 안에 탁아소 문제가 일단락되려면, 내일부터 선생님이 계획을 짜서 행동에 옮겨야 하겠지요? 먼저 선생님 아파트 주변의 어린이집들을 몇 군데 방문해서 원장을 만나 의견을 나누어야 하겠네요. 이 일은 언제쯤 착수하실래요?"

조 씨는 2주 안에 서너 군데의 어린이집 원장을 만나 보겠다고 하였다. 그리고 ⑥번의 아이디어대로 잘 진척되지 않으면 한 달 안에 ④번과 ⑧번의 아이디어를 따라 실천해 보겠다고 하였다. 이쯤 되면 당신은 아주 효과적으로 그녀를 도와준 셈이다.

한두 달이 지난 다음에 당신은 조 씨가 계획을 수립한 대로 잘 진척시키고 있는지를 확인해 볼 수 있다. 그것이 추후지도(follow-up)다.

합의하기-포용적으로 대처하기

조혜진 씨의 사례처럼 한쪽은 도움을 구하는 입장이고, 다른 쪽은 도움을 제공하는 입장에서는 대안탐색의 과정이 비교적 쉽게 이루어진다. 그런데 이야기를 주고받는 두 사람 사이에 이해 상관과 욕구가 서로 다른 경우에 쌍방이 모두 만족할 만한 해결 방안을 찾아가도록 대화를 이끌어 가기란 쉽지 않다.

현수진 씨와 조성길 씨의 사례에서 살펴본 바와 같이 두 사람이 문제 해결의 방안을 찾아보기는 고사하고, 엉뚱하게 서로를 비난하고 말다툼으로 발전되는 경우가 비일비재하다. 각자의 욕구와 가치관이 다를 때, 서로 만족할 만한 해결 방안을 모색하고 합의를 이끌어 내는 데는 그만큼 성숙한 인격과 고도한 의사소통의 기술이 필요한 것이다.

자, 이제 현수진 씨와 조성길 씨가 문제 해결적인 방향으로 대화를 시도하려고 한다. 과연 이들이 대안탐색의 과정까지 대화를 잘 해낼지 엿들어 보자.

> 부인: 그럼 난 항상 외톨이로 지내란 말이에요? 이제는 당신 건강도 챙기고 가정도 챙길 나이예요.
> 남편: 알았소. 앞으로 시간을 내서 가까운 곳에 우리 함께 놀러 갈 수 있는지 한 번 생각해 봅시다.
> 아내: 그래요. 오래간만에 참 반가운 소리를 하네요. 다음 달에 중국으로 가는 여행 패키지가 신문에 났어요. 4박 5일이고 여행경비도 저렴해요. 여보, 우리 거기 한 번 가 봅시다.
> 남편: 우리 두 사람의 경비에다가 내가 일을 못하게 될 때의 손해나 사고 같은 것을 생각해야 돼요. 글쎄……, 그건 힘들

것 같은데…….

아내: 아이고, 그래요. 당신이 그렇게 나올 줄 알았어요. 매일 돈 타령이지요. 그 정도의 돈은 우리가 쓸 수 있잖아요. 왜 그렇게 쩨쩨하세요?

남편: 당신은 왜 그리 속이 없소. 당신 나이가 몇 살인데 아직도 마음이 쓸쓸하다느니 처량하다느니 하는 소리나 하고 사는 거요? 그럴 돈 있으면 난 차라리 고기나 사서 배불리 먹고 2~3일간 설악산에 등산이나 가겠소. 당신은 혼자 알아서 하든지 말든지……, 아니면 날 따라오든지…….

아내: 여보! 내 다리가 관절염으로 쑤시는데 당신 따라 설악산으로 등산 가자고 해요? 당신은 어쩌면 그리 인정머리가 없어요? 그만둡시다, 그만둬요. 내 팔자가 그렇지.

이들 부부의 대화를 살펴보면 처음엔 남편이 아내를 억누르고 승자의 위치에 서 있었다. 그 뒤에 아내가 남편을 역공하고 비난하자 아내가 승자의 위치에 서 있는 것처럼 보인다. 그러니까 두 사람은 승패(勝敗)의 관점에서 대화를 하고 있다. 결국 힘겨루기(power struggle)로 대화를 끝내고 만 이 부부는 해결 방안을 탐색해 나가는 대화 방법을 잘 모르고 있는 셈이다.

힘겨루기식 대화와 그 효과

이들 부부의 과오를 살펴보면, 두 사람이 서로 간의 차이점에만 주의를 집중하고 있다. 설령, 두 사람 사이에 차이점이 있다고 하더라도 그들이 공유하는 삶의 목적, 우선순위와 욕구가 무엇인지를 망각하지 않아야 한다. 그리고 공통의 목적을 달성하기 위하여 서로 다른 생활 양식, 취미, 가치관을 조정하도록 노력해야 한다. 이것은 두 사람이 상호 창조적으로 갈등을 풀어 나가는 행위이며, 포용적으로 대처하는 것이다. 포용적 대처 방식은 아내와 남편이 모두 승자가 되도록 하는 승승(win-win)적 대화 방식으로서 구체적으로는 두 사람이 합의하는 과정을 거치는 것이다.

두 사람이 합의점을 찾는 대화 방식이란 진지한 이야기를 통하여 두 사람의 견해, 욕구, 감정상의 차이점과 더불어 자신들이 가지고 있는 공통점을 찾아내는 것이다. 그것은 다음과 같이 표현될 수 있다.

안건 부부가 함께 시간을 보낼 수 있는 일을 찾아본다

- **두 사람 간의 갈등 또는 욕구의 차이점 찾기**

  남편: 2~3일간 설악산을 등반하여 적은 비용으로 실속 있는 휴가를 보내고 싶다.

  아내: 관절염으로 등반은 할 수 없으므로 4박 5일 중국 여행을 가고 싶다.

- **두 사람 간의 욕구의 공통점 찾기**

    즐겁고 건강하게 노년의 부부생활을 보내고 싶다. 아내와 남편이 서로 뜻을 맞추며 살아가고 싶다.

- **가능한 해결책-합의점 찾기**

    부부가 가끔씩 함께 여가를 보내는 것에 합의한다. 그러나 지금은 설악산 등반이나 중국 여행에 합의하지 못하고 있다. 조금 더 생각해 보는 시간을 가질 필요가 있다. 따라서 우선은 친구 부부들과 함께 가까운 산에 한두 시간씩 산책하기로 합의한다. 설악산은 두어 달 후에 친구 부부들과 같이 2~3일간 다녀오자는 계획을 짜 보도록 한다. 이때 건강한 사람은 등반을 하고 유약자들은 온천욕을 즐기기로 결정할 수 있다. 그리고 해외여행은 여행 경비나 남편의 사업적인 당면 문제를 충분히 조처한 다음 1년 후에 이루어질 수 있도록 계획한다.

① 서로의 욕구를 표현한다.

② 서로의 차이점과 공통점을 밝힌다.

③ 공통점에 근거하여 문제 해결적 대안을 탐색한다.

④ 합의점에 도달한다.

포용적인 대화

합의를 도출하기 위한 대화 이끌기

문제 해결적으로 대화를 시작하여 두 사람이 비교적 만족스러운 합의점을 도출해 내기까지는 피차간에 상대방의 이야기를 잘 들어주고 그의 마음을 잘 이해하려는 자세가 필요하다. 그리고 자신의 생각과 감정도 똑같이 표현하는 권리가 존중되어야 한다. 이를 위해서는 다음과 같은 사항을 준수하도록 한다.

① 대화의 시간을 정한다

어떤 문제를 논의하기 전에 상대방과 내가 마음을 안정시키고 생각해 볼 시간을 갖는 것이 현명하다. 그러므로 문제가 발생하면 곧바로 그 자리에서 해결하려 하기보다는 먼저 피차간에 대화할 의사가 있는가를 확인하고 나서 대화의 시간을 정해야 한다.

② 상대방에게 자신의 소신과 감정을 피력할 기회를 준다

상대방이 말할 때는 그의 이야기를 진지하게 경청한다. 그리고 이야기 도중에 말을 중단시키거나 끼어들지 않도록 한다. 상대방의 말을 듣고 그것을 비평하거나 자기 본위로 해석하거나 '위선자, 거짓말' 등의 말로 비난하지 않도록 한다. 그리고 당신이 상대방의 이야기를 제대로 이해하고 있다는 것을 알려 주도록 한다. 그것은 '앵무새 노릇하기'의 기법을 사용하는 것이다. 또 '내가 당신 말을 제대로 이해했나요?'와 같은 지각 확인의 질문을 하도록 한다.

③ 자기 자신의 심경을 표현한다

우리는 상대방이 매일 접하는 가족이니까(또는 친구이니까) 나에 대해서 내가 일일이 말해 주지 않아도 잘 알고 있을 것이고, 내가 요구하기 전에 자기 쪽에서 알아서 잘 응대해 줄 것이라는 기대를 갖기 쉽다. 이것은 매우 비현실적인 기대다. '사랑하는 사람의 마음은 눈빛만 보아도 다 알 수 있다.'는 것은 사실이 아니다. 그러므로 자신의 생각과 느낌을 반드시 알려야 한다. 이때 조심할 사항은 다음과 같다.

- 차분한 태도와 안정된 목소리로 말한다.
- 작은 문제를 그때 그때 말한다.
- 오랫동안 참고 지내다가 어느 날 모든 문제와 갈등을 한꺼번에 말하게 되면 상대방은 그 사실을 기억하지 못하는 수도 있다. 그러므로 사건이 발생하면 그날 전후로 가까운 시간(또는 시일) 안에 그 문제를 짚고 넘어가도록 한다.
- 한 번에 한 가지 주제만 이야기하도록 한다.
- 고함, 위협, 폭력은 사용하지 않는다. 이것은 상대방의 인권을 무시하는 위법적(違法的)인 처사다. 협박적인 상태에서는 정상적인 대화가 이루어질 수 없다.
- 극단적인 단어의 사용을 자제하도록 한다. 예를 들어, '항상' '절대로'라는 말 대신에 '대부분' '되도록이면'이라는 표현으로 대체하도록 한다.

④ 두 사람의 공통점과 선의(善意)를 확인하고 마무리한다

제아무리 심각한 갈등 상황에 처해 있다 하더라도 일단 대화를 시작하게 되면 그의 인간적 가치를 존경해 주는 입장에서 마무리하도록 한다. 그리고 가능한 한 공통점을 찾아 합의점에 이르게 하며 대화에 응한 사실에 대하여 감사를 표시하는 것으로 마무리하도록 한다.

4 사 례

사례 1 끝없이 불만이 많은 자녀

Q 우리 부부는 세 자녀를 두고 있습니다. 둘째 아이가 지금 중학교 2학년인데 이 아이는 불만이 끝이 없고, 인상마저 험악하게 굳어가는 것 같아요. 사실 문제의 원인은 우리 부부에게 있어요. 우리는 10여 년 전에 외국 유학길에 오르게 되었습니다. 그때 우리는 외국에서 공부도 하고, 일도 해야 하는 형편이었죠. 세 명의 나이 어린 연년생을 데리고 갈 자신이 없어 고민하던 차에 시부모님께서 유독 온순한 둘째 아이를 길러 주시겠다고 했습니다. 그래서 그 아이를 떨쳐두고 유학갔다가 4년만에 귀국했지요. 그런데 우리가 귀국해서 온 식구가 함께 생활하면서부터 둘째는 가끔씩 삐치고, 울고, 반항하더니 점점 더 심해져 이제는 어떻게 다룰 도리가 없게 되었습니다. 온 식구가 그 아이 앞에서 죄인 행세를 해도 화가 풀리지 않나 봅니다. 그때 상황에 대해서 수없이 설명해 주고 타이르고 더 많이 신경 써 주고 선물을 해도

안 됩니다. "엄마가 죽었으면 좋겠다." "엄마, 아빠에게 복수하겠다."
라고도 말하고 자기 마음속에 마귀가 들어 있어서 자기도 자기 마음을
어떻게 할 수 없다고 말합니다. 저는 참고 비위를 맞추다가도, 어떤 때
는 큰 소리를 내게 됩니다. 끝내 사람들을 싫어하는 반항아가 될 것 같
아 겁이 납니다. 어떻게 해야 될까요?

A 유학 갈 당시의 복잡한 형편상 어쩔 수 없이 선택한 길이 온순한 둘째 아이를 할머니댁에 두고 간 것이었겠지요? 선생님 부부는 둘째 아이를 시댁에 맡겨 두는 것이 가장 안전하다고 판단하셨겠지만, 그 아이가 마음에 걸려서 참으로 안타까우셨을 것입니다. 자녀분은 부모님이 자신을 버린 것이라는 생각이 결코 지워지지 않는 것 같습니다. 그래서 유독 자기만 버리고 유학 가신 부모님께 앙갚음을 하고 싶은 충동으로 계속 반항 행위를 하겠지요. 선생님께서 그때의 불가피한 상황에 대하여 논리적으로 설명해 준다고 하더라도 뼈에 사무치게 서러웠던 자녀의 마음이 달래지지는 않겠지요.

"엄마가 죽었으면 좋겠다."

"엄마, 아빠에게 복수하고 싶다."

설령 자제분이 이보다 더 험악한 말을 하더라도 결코 야단치고 화를 내거나 훈계하지 마십시오. 왜냐하면 지성적인 설명이나 훈계는 자제분의 상처받은 마음을 녹여 주지 못하니까요. 자신은 버림받았고, 지금도 부모님은 자신을 차별 대우한다는 느낌이 더욱

강화될 수도 있습니다. 그렇다고 아이의 눈치를 보고 비위를 맞추거나 선물 공세로 환심을 사려고도 하지 마십시오. 자제분은 부모님이 느끼는 죄인된 듯한 마음을 읽고 앙갚음하고 싶은 충동심이 더 강해질 수도 있으며, 부모를 제멋대로 통제하려고 할지도 모릅니다. 선생님 부부가 아이의 비위를 맞추더라도 자제분의 분노와 원망의 감정은 여전히 앙금처럼 남아 있을 것입니다. 그렇다면 자제분의 가슴의 상처가 아물고 부모님과의 관계를 회복하려면 어떤 길이 있을까요?

그것은 첫째로 상대방의 마음을 읽어 주기의 방법을 사용하는 것입니다. 선생님께서 반항적으로 나오는 자녀를 올바로 지도해야 하겠다는 시각을 잠시 접어 두시기 바랍니다. 다만, 둘째 아이가 어린 나이에 부모형제와 떨어져 지내야 했던 상황과 자기감정도 확실하게 표현할 줄 모르는 나이에 홀로 느꼈던 고독감, 손해 본 듯한 억울함을 자제분의 눈과 가슴으로 느껴 보십시오. 그러고 나서 그것을 아이에게 표현해 주는 겁니다. 다른 말로 표현하자면 자제분의 마음에 절절하게 공감을 해 주어야 한다는 것이지요.

"○○야, 엄마, 아빠가 유학갔을 때 너는 네 살이었지? 그러니까 너는 네가 느끼는 감정을 말로 표현도 못했을 거야. 엄마, 아빠 보고 싶어. 왜 나는 데리고 안 갔어요? 할머니, 나 혼자 무섭고 심심하고 슬프고 재미없어요. 이런 말도 못하고 혼자서 서럽기만 했을 거야. 아이고, 불쌍한 내 새끼, 얼마나 외롭고 슬펐을까? 엄마도 가슴이 너무너무 아팠는데 어린 너는 얼마나 심했겠니? 아이고,

불쌍해라. 내 귀한 새끼."

이런 식으로 자녀의 마음에 공명해 주고, 함께 눈물을 흘리십시오.

둘째, 선생님의 마음, 즉 자녀에 대한 애틋한 사랑과 사죄하고 싶은 마음을 충분히 표현하십시오.

"그래, 네가 얼마나 가슴에 한이 맺혔으면 엄마가 죽었으면 좋겠다고 말하겠니? 정말 미안해. 엄마, 아빠는 네가 싫거나 미워서 너를 한국에 떨쳐 둔 게 아니었단다. 형편상 누군가가 할머니 댁에 있으면 좋았는데 네가 가장 온순하니까 할머니 할아버지가 유독 너를 더 예뻐해서 그렇게 된 거야. 그래도 그건 너에게는 너무 심한 차별 대우가 되었구나. 정말 가슴이 아프다. 엄마, 아빠가 너한테 큰 죄를 졌구나. 아가 미안하다. 용서해 주겠니? 네가 행복할 수만 있다면 엄마는 죽어도 좋단다. 네가 밝고 명랑하게 살 수만 있다면 엄마, 아빠는 어떤 희생이라도 기꺼이 감수하겠다. 네 속이 후련해질 때까지 얼마든지 엄마, 아빠를 미워해도 된단다. 난 네가 행복하기만을 바라는 거야."

셋째, 자녀가 원하는 것에 대하여 함께 논의하고 합의하시기 바랍니다.

"○○야, 엄마, 아빠는 너에게 충분히 보상을 해 주고 싶구나. 그때 사정과 꼭 같은 형편으로 만들어 보상해 주는 것은 불가능하지만 그래도 우리 형편으로 가능한 방법은 모두 찾아보도록 하자꾸나."

이 아이에게 합당한 보상을 해 주려면 선생님께서는 두 형제는 한국에 떨쳐 두고 둘째 아이하고만 4년간 또 외국에 유학을 가도록 조처해야 하겠지요. 그러나 그것은 현실적으로 불가능한 일이기 때문에 보다 합리적인 방안을 자제분과 같이 찾아보시기 바랍니다. 가령, 선생님 부부가 방학 동안에 이 아이하고만 외국 여행을 다녀오거나 국제 캠프 참가의 특혜를 아이에게 주는 것도 한 가지 방법일 것입니다.

사례 2 | 욕설이 심한 남편

Q 결혼 후 남편에게서 욕설을 밥 먹듯이 듣고는 얼마나 충격을 받았는지 모릅니다. 처음에는 울기도 많이 했습니다. 그런데 자세히 관찰해 보았더니 남편은 누구에게나 거칠고 험한 욕설을 습관적으로 한다는 것을 알게 되었습니다. 나를 싫어하고 미워해서 함부로 말하는 것이 아니라 습관이더라고요. 저의 남편은 조실부모(早失父母)하고 온갖 고생을 한 끝에 자수성가한 사람이라서 그런지 몰라도 세상에 대한 원망과 권력자들에 대한 분노가 있는 것 같아요. 그런 것들이 거친 말씨로 나타나는 것이 아닐까 하는 생각이 들면 남편이 가엽다는 생각도 듭니다. 하지만 습관적으로 욕설이 튀어나오는 것은 좋지 않습니다. 제가 남편에게 충고하면 분명히 반발할 것입다. 그래도 욕설하는 습관을 바꾸게 하고 싶은데 무슨 방법이 없을까요?

A 부인께서는 결혼 후 남편에게서 거친 욕설을 듣고 몹시 충격을 받으셨군요. 자신을 미워하는 것으로 받아들이고 고민도 하고 남편이 싫으셨을 것입니다. 그런데 남편에게는 세상에 대한 분노와 원망의 감정이 있는 것 같고, 그런 감정을 욕설로써 발산하는 것 같다는 점까지 발견하신 이후로 부인께서는 남편에 대한 연민의 정까지 느끼는 것으로 나타나 있습니다. 부인은 사람의 속마음을 깊이 이해하시는 능력이 뛰어나며, 인간에 대한 관대함과 성숙한 수용성까지 보여 주셔서 대단히 경탄스럽습니다.

또 바람직하지 못한 남편의 대화 습관을 고쳐 주려고 지혜롭게 탐구하는 자세도 아름답습니다.

부인께서 남편의 행동이 변화하도록 영향력을 행사하시려면 리더로서의 대화기술을 익히도록 하십시오.

첫째, 남편의 마음을 읽어 주도록 하십시오. 남편이 욕설을 습관적으로 할 때, 부인은 남편에게 세상에 대한 분노가 있는 것 같다는 생각이 든다고 말씀하셨습니다. 부인은 담담한 어조로 남편에게 그렇게 말씀하십시오.

"여보, 당신이 어떤 사람에게 욕설을 습관적으로 할 때는 대개가 지체 높은 사람들이거나 공직자들이더군요. 당신이 자수성가하는 과정에서 얼마나 힘들었는지 알 것 같아요. 그러니까 욕설로 스트레스도 풀겸 까다롭게 구는 상관들에게 간접적으로 공격도 하는 것이지요? 그 마음 알 것 같아요. 당신 참 고생 많았어요."

부인께서 마음속으로 공감하고 공명하는 바를 이렇게 말로써 표현해 주면, 남편되시는 분은 부인의 말씀을 듣고 나서, 자기 자신을 이해하게 되고, 또 매우 큰 위안과 힘을 얻을 것이라고 봅니다.

둘째, 어쩌다 한 번씩은 직면화를 해 주십시오. 그 기술은 이 책에 소개된 것과 같습니다.

"여보, 당신은 일이 잘 안 되고 짜증날 때도 욕설을 하고, 기분이 좋을 때도 욕설을 하는데 내겐 그게 이상해요. 기분이 좋을 때도 마음속 깊은 곳에는 짜증이 좀 남아 있기 때문에 욕설을 해야만 후련하게 느껴지는 건가요? 아니면 당신은 칭찬이나 부드러운 말을 하고는 싶은데 그런 것이 어색하고 쑥쓰러우니까 칭찬이나 낭만적인 표현을 억제하고 일부러 욕설로 대신하는 건가요?"

남편께서 이러한 말을 듣게 되면 자신의 언어 습관에 대해서 한 번쯤은 깊이 성찰하게 될 것입니다.

셋째, 남편에게 행동 변화를 촉구하고, 그 계획 수립과 실천에 도움을 주도록 하십시오. 부인께서 남편과 진지하게 대화가 이루어지면, 남편이 언어 습관을 바꾸고 싶은지를 질문하십시오. 그렇다는 대답을 받아 낸 다음에는, 가령 일주일에 두어 번 정도는 남편 쪽에서 누군가를 칭찬해 주는 말을 하도록 계획을 짜십시오. 당신은 남편이 계획대로 실천할 때마다 긍정적인 피드백과 인정과 칭찬을 보냄으로써 그 행동을 강화하도록 하십시오. 효과적인 대화기술에 관한 책자도 사다 주고, 그 책을 남편과 같이 읽고 서로 연습하는 것도 좋습니다. 당장 이 책을 소개해 주실 수도 있겠지요. 부인께서는 인내와 사랑을 가지고 남편에게 꾸준히 영향력을 행사할 수 있으리라고 믿습니다.

문제는
순리대로 해결하면 된다

1
함께 변화를 모색하기

2
현명한 선택하기

3
순리대로 문제 해결하기

임숙희 씨의 아들 지만(초 5)은 친구들과 밖에 나가 놀기를 좋아하고 공부와는 담을 쌓고 있다. '공부하라'는 말만 들어도 얼굴부터 찡그린다. 공부 문제를 놓고 모자간에 날마다 신경전을 벌이는 이들은 마음 편할 날이 없다.

　한편, 민승희 씨의 딸 아영(중 3)은 유난히도 식성이 좋은 비만아로, 체중이 70kg이다. 아영이는 태어날 때부터 우량아였다. 이 집안의 내림이 장사 집안이라 아버지와 큰아버지도 한때는 시골에서 씨름선수로 이름을 날렸고, 황소 한 마리를 상품으로 타 온 적이 있다. 어머니는 딸을 레슬링선수로 만들 수는 없는 일이니 모델처럼 예쁘고 날씬하게 키워, 좋은 곳에 시집을 보내야 한다고 믿고 있다. 어머니는 아영이에게 체중을 조절하라고 성화인데, 아영이는 음식 조절이 잘 되지 않는다. 거금을 들여 다이어트 치료도 받게 해 주었는데, 처음 몇 달간은 체중이 10kg 이상 빠졌다.

그런데 두어 달 만에 다시 원래대로 되었다. 어머니는 어떻게 아영이를 지도해야 할지 난감해하고 있다.

　임숙희 씨나 민승희 씨를 비롯하여 모든 사람은 문제를 가지고 있다. 한 가지 문제가 해결되면 또 다른 문제가 대두되고, 그렇게 문제 속에서 사는 것이 인생이다. 이런저런 문제가 발생할 때, 그 문제를 해결하고자 여러 가지로 노력을 하게 된다. 문제와 관련된 사람들이 함께 노력할 수도 있고, 어떤 경우에는 한쪽 편이 다른 쪽 편의 협조를 얻어 낼 수 없는 상황도 있다. 두 가지 경우에 효율적으로 문제를 해결하는 방법에 대하여 살펴보기로 한다.

1
함께 변화를 모색하기

일차원적 변화를 모색하기-함께 서기

임숙희 씨는 아들이 처한 현재 상황을 개선하여 성적이 향상되도록 힘쓰고 있다. 이처럼 대응적이고 상식적인 방법으로 변화를 시도하는 방식은 일차원적인 변화를 모색하는 접근이다. 그것은 문제행동을 중단하고, 새로운 행동을 증가시키는 것으로서 양적(量的)인 변화를 모색하는 것이다.

여기서는 아들의 변화를 위하여 어머니가 주도적으로 아들을 이끌어 가는 것이지만, 본질적으로는 어머니와 아들이 함께 노력하는 것이다. 그러므로 일차원적 변화를 모색하는 접근을 나는 '함께 서기'라고 명명하였다. 문제가 발생하면 대부분의 경우에 사람들은 일차원적인 변화를 먼저 모색하려고 시도한다.

임숙희 씨가 아들 지만이를 잘 타이르고, 또 스스로 숙제를 할 때마다 칭찬해 주며, 아들이 좋아하는 간식거리를 주어 강화시킨

덕분에 지만이의 성적이 다소 향상되었다고 하자. 이것이 우리네 부모가 한결같이 자녀에게 기대하는 것이다.

이차원적 변화를 모색하기-홀로 서기

그런데 지만이는 어머니의 '공부해라'라는 말만 들어도 얼굴을 찡그리고 밖으로 나가 버린다. 책을 보고 있다가도 "얘야, 너 숙제할 시간이 아니냐?"라고 다그치면 책장을 덮어 버린다. 어머니가 열심히 지도할수록 더 반항하게 되고 공부하기를 싫어하는 것이다. 그러한 반항심은 지만이도 어찌할 수가 없고, 어머니도 그 이상 어떻게 지도를 해야 할지 알 수가 없다. 이처럼 합리적인 방법이나 의지적으로는 어떤 변화를 전혀 기대할 수 없을 때, 우리는 그런 행동을 '증상행동'이라고 한다. 이러한 한계 상황에 처하여 어머니가 취할 방도는 오직 한 가지뿐이다. 그것은 역설적으로 접근하는 것이며, 이차원적 변화를 모색하는 것이다.

이차원적 변화를 모색하는 것은 어머니가 아들을 변화시키겠다는 생각 자체를 바꾸는 것이다. 그것을 '변화에 대한 변화' 또는 '한층 높은 차원의 변화(meta-change)'라 하며, '질적(質的)인 변화'라고도 한다. 이차원적인 변화를 모색하는 것은 아들의 협조를 얻어 낼 수 없을 때, 어머니 혼자서 자기 나름대로 처신하는 방식이다. 그러므로 나는 이차원적 변화를 '홀로 서기'라고 명명하였다.

이차원적인 변화의 모색은 일차원적인 변화를 시도하는 것에 실패하였을 경우 사용하는 것이다.

이차원적 변화를 모색하기 위한 역설적 접근은 두 가지로 요약할 수 있다.

첫째, 지만이의 행동과 지만이의 현재 상황을 변화시키겠다는 어머니의 생각 자체를 변화시켜야 한다. 그러니까 어머니가 지금까지 가져 왔던 고정관념 내지 참조의 틀(frame of reference)에서 과감하게 벗어나는 것이다.

둘째, 아들에게 '역설적 지시'를 하는 것이다. 어머니는 아들에게 다음과 같이 역설적 지시를 할 수 있다.

"지만아, 이제부터 나는 네 공부에 일체 간섭하지 않겠다. 너는 공부하지 말고 네가 원하는 대로 마음껏 놀아라. 네가 알아서 네 인생을 사는 거다."

"지만아, 다음부터는 네가 알아서 공부도 하고, 알아서 놀기도 하여라."

'공부하지 말라.'는 지시는 '변화하지 말라.'는 뜻이고, 아들의 증상행동을 더 부추기는 지시다. 이러한 역설적 지시는 만성적인 증상행동이나 상황에 대하여 이차원적 변화를 모색하는 접근으로서, 그것은 아들의 호기심과 반항심리를 이용하여 아들 스스로 변화하고 공부하도록 촉구하는 효과가 있다. 역설적 지시를 할 때 유의할 점은 초지일관하게 해야 한다는 것이다. 가령, 이번 주에는 어머니 쪽에서 지만이에게 '공부하지 말라.'고 말씀하셨는데,

공부는 하지 않고 종일 놀고 있는 아들의 모습을 보고 어머니가 갑자기 불안해져서 다음 주에는 '어서 공부하라.'고 말해서는 안 된다는 것이다.

역설적 지시를 하는 요령은 두 가지다.

첫째, 자녀가 변화하게 되면, 즉 공부하게 되면 부정적인 결과가 나타날 수 있다고 알려 준다. 어머니는 지만이에게 이렇게 덧붙이는 것이다.

"애야, 네가 죽어라 공부하게 되면, 네 몸만 축나고 성적은 조금밖에 오르지 않을 수도 있거든. 그러면 기분이 나빠질 거야. 그러니까 애써서 공부할 필요가 없지."

둘째, 증상행동을 긍정적인 관점에서 해석해 줌으로써 상대방의 체면을 세워 준다.

"지만아, 놀기 좋아하는 사람들이 사업도 잘하더라. 엄마, 아빠 동창들을 보면 공부 잘했던 친구들은 기껏해야 교사, 공무원, 판검사 정도라 돈이 별로 많지 않거든. 그런데 학교 다닐 때 공부도 지지리 못해서 선생님한테 야단만 맞던 친구들이 사장이 되고 돈도 많더라. 또 낙천적으로 놀기도 잘하니까 사람들에게 인기도 있고……, 그러니까 놀며 사는 것이 좋은 것이다."

², 현명한 선택하기

자, 다음의 그림에서 아내가 코고는 남편과 함께 자는 문제를 어떻게 해결하는지 살펴보기로 하자.

①

앞의 상황은 아내가 코고는 남편을 변화시키려고 적극적으로 조처한다. 그런데 코고는 증상은 생리적인 현상이기 때문에, 남편이 수면 중에 의지적으로 통제할 수 있는 성질의 행동이 아니다. 따라서 아내의 조처가 효과를 보기는 매우 힘들다.

②

이 상황은 코고는 남편을 변화시키려는 노력을 포기하고, 아내는 그 상황에 순응하고 있다. 따라서 문제는 해결되지 않은 채 아내는 몹시 불편하고 불만스럽게 지내야 한다. 이것은 수동적이고 비효율적인 대처 방식이다.

③

이 상황은 아내가 남편의 코고는 증상을 고쳐 보겠다는 생각을 접어 버린다. 마음을 바꾸는 것이다. 그 대신에 자기가 변화를 시도한다. 자기 쪽에서 알아서 잠자는 문제를 해결하고자 다른 방으로 가는 것이다.

그러니까 ①과 ②는 주어진 현재의 상황을 개선하려고 노력하는 것으로서 일차원적인 변화를 모색하는 것이다. 이에 비해서 ③은 현재의 상황은 그대로 두고 아내가 자신의 참조의 틀을 바꾸어 버리는 것으로써 이차원적인 변화를 모색하는 접근이다.

우리의 힘으로는 도저히 변경시킬 수 없는 환경적 여건이라든지 지능, 체력, 수면 습관, 성(sex), 음식의 기호 등과 같이 다분히 생득적(生得的)이고, 기질적인 현상은 일차원적 변화를 시도하는 것이 매우 불합리하고 불가능한 것들이다.

민승희 씨의 딸 아영이는 유전적으로 비만인자를 가지고 태어났고 식성이 좋은데, 모델처럼 날씬해지도록 계획한다면 실패할 가능성이 높다. 그러므로 어머니가 딸을 변화시키겠다는 생각 자체를 바꾸는 것이 마음도 편안하고 딸도 행복할 수 있다. 그러니까 딸에게 이렇게 말하면 좋을 것이다.

"너는 타고난 대로 살아라. 통통하고 건강한 모습이 여유 있고 복스럽다. 다 자기 복대로 사는 거야. 네가 정말 체중을 줄이고 싶거든 그저 2~3kg만 줄이겠다고 생각하고, 그 이상은 아예 꿈도 꾸지 마라. 마음 편한 것이 좋은 거야."

그리하여 어머니가 체중 조절 문제를 가지고 딸과 벌였던 전쟁에 종지부를 찍는 것이 가장 빠른 문제 해결이 될 수 있다.

당신이 어떤 갈등적 상황을 풀어 나가고 싶다면, 맨 처음에는 일차원적인 노력을 하게 될 것이다. 그런데 당신이 노력할수록 문제가 악화되거나 만성적으로 고질화될 때는 일단 멈추어 서서 그 상황을 잘 성찰한 다음에 동일한 방식으로 노력하기를 중단해야 한다. 그리고 필요하다면 이차원적인 변화를 모색하도록 해야 한다.

니이버(Reinhold Nieber)는 다음과 같이 말하였다.

"신이여, 내가 변화시킬 수 없는 것은 조용히 수용하게 하는 침착함을 주시고, 내가 변화시킬 수 있는 것은 끝내 변화시킬 수 있는 용기를 주시옵소서. 그리고 변화시킬 수 없는 것과 변화시킬 수 있는 것을 분별하는 지혜를 주시옵소서."

우리가 취할 태도는 니이버의 기도 내용과 동일하다.

순리대로 문제 해결하기

자신의 마음을 알아차리기-거울을 들여다보기

다음의 그림을 보자.

가정폭력: 탓하기 도사

아내는 남편이 밤이 늦도록 귀가하지 않으니까 몹시 걱정하고 있다. '행여나 무슨 일이 있으면 어떻게 하지?' 하는 두려움이 걱정으로 변한 것이다. 그런데 남편을 보자마자 아내는 자신의 진솔한 마음(일차적 감정)을 표현하지 않고 갑자기 분노를 폭발하고 있다. 남편의 신변을 걱정하던 아내가 왜 갑자기 화를 내는 행동을 하게 되는가? 그것은 남편에 대해서 걱정하고 있는 자신을 조금도 배려하지 않은 채, 새벽 1시까지 술만 마시는 남편의 행동이 이기적이라고 생각하면서부터 화가 끓어오르게 되었기 때문이다. 그러니까 분노의 감정은 '나(ego)'를 중심으로 하여 사건을 조명할 때 발생한다. 따라서 분노는 이차적인 감정이다. 분노는 아내가 원래 느꼈던 진솔한 감정과는 다소 거리가 먼 정서다. 그러기에 아내가 분노를 터뜨리면 남편에게 아내의 마음이 제대로 전달되지 않는다. 오히려 아내의 격렬한 감정 폭발은 남편을 격노하도록 부추기는 효과를 낳을 뿐이다.

    이 그림 속에서 남편도 자신의 진실한 마음을 표현하지 않고 엉뚱하게 '구두점의 원리'를 적용하여 무고한 아내를 비난하고 있다. 그래서 한바탕 가정폭력의 쇼를 벌인다. 이때 두 사람 중 적어도 한 사람만이라도 자신의 감정을 제대로 인식하고 표현할 수 있다면 문제점은 훨씬 쉽게 명료화될 수 있었을 것이다. 그리고 나서 상대방의 마음을 올바로 들여다보고 그것을 상대방에게 보여 줄 수만 있다면 문제는 훨씬 용이하게 해결될 수 있었을 것이다. 대부분의 경우에 사람들은 자신의 마음을 들여다보고, 진실한 자신의 마음 상태를 알아차리지 못하기에 인간관계에서 어려움을 겪고 있다.

    앞의 그림에서 아내가 맨 먼저 할 일은 자기가 무슨 독백을 하고 있는가를 귀 기울여 보고, 그 속에서 자신의 마음을 발견하는 것이다. 그리고 나서 자기 독백 속에 담겨 있는 진실한 마음을 그대로 남편에게 보여 주는 것이다. 이런 기술은 어떻게 익힐 수 있을까? 그것은 자기 앞에 커다란 거울이 있다고 상상하고, 그 거울 속에 비친 자신의 모습을 바라보는 것이다. 그러므로 '자신의 마음을 알아차리기' 작업을 나는 '거울을 들여다보기'라고 명명하였다.

    자, 이제 거울이 있다고 상상해 보자.

    거울 속에서 아내는 무엇을 보고 있는가? 자신의 찌푸린 얼굴과 두 손을 벌리고 불안정하게 앉아 있는 자세를 통하여 자신이 몹시

거울 들여다 보기

자기 마음을 알리기

불안해하고 있다는 것을 알 수 있다. 거울 작업을 통하여, 부인은 자신의 근본적인 마음, 곧 일차적인 감정을 알아차리게 되면 그것을 스스로 독백하도록 한다. 그리고 나서 귀가한 남편에게 자신의 일차적인 감정을 표현하는 것이다.

상대방의 마음에 공감해 주기–거울이 되어 주기

그다음에 아내는 남편의 마음을 들여다보고, 남편이 느끼고 생각하는 바를 짚어 주는 것이다. 그렇게 되면 남편과 곧바로 진솔한 대화를 나눌 수 있게 된다. 그것은 아내 자신이 마치 커다란 거울이라고 상상해 보고, 그 거울에 비친 남편의 얼굴과 행동에서 남편의 마음을 발견해 내는 것이다. 그리고 나서 아내는 마치 반사경처럼 남편에게 그것을 다시 반영(反映)해 주는 것이다. 이것을 로저스(Rogers)는 '공감적 이해(empathic understanding)'라 하였고, 그것은 상대방의 감정을 반영(reflection of feeling)하는 행위로써 이루어진다고 말하였다. 이것을 후대의 학자들은 공감적 이해의 태도를 '반영적 경청' 또는 '적극적 경청'이라고 말하였다. 그것은 내 쪽에서 상대방의 거울 역할을 하는 것과 유사하다. 따라서 나는 그것을 '거울이 되어 주기'라고 명명하였다.

이제 그림의 장면으로 다시 돌아가 보자.

아내의 가슴은 투명한 거울이 되어 남편의 흥분된 모습과 고조된 목소리와 투덜거리는 독백을 고스란히 비쳐 준다고 상상한다. 그리하여 아내는 남편의 마음을 이렇게 읽어 줄 수 있을 것이다.

거울이 되어 주기(공감해 주기)

"여보. 당신이 X사장과 Y과장 때문에 오늘도 속이 많이 상하셨군요."

"당신은 Y과장의 모함에서 벗어나서 사장에게 제대로 실력을 인정받고 싶고 즐겁게 직장생활을 하고 싶겠지요."

그것은 제5장에서 소개한 문제 해결적 대화의 제3단계에 해당하는 것으로써 상대방의 마음을 읽어 주는 것이다. 구체적으로는 남편의 마음에 공감해 주고, 남편의 욕구를 확인해 주는 것이다.

"당신은 ~의 상황에서 ~한 감정을 느꼈군요."
(You feel ~when ~)

"그리고 당신은 ~하기를 원하는군요."

(And you want ~)

   이 장에서는 아내가 자기 마음을 남편에게 먼저 표현하였고, 그 뒤에 남편의 마음을 헤아려 공감해 주는 순서로 묘사되었다. 그러나 순서는 바뀔 수 있다. 아내는 남편에게 먼저 거울이 되어 주고 나서, 그 이후에 자신의 마음을 전달할 수 있다. 두 사람 중에서 누가 더 혼란되어 있고, 심리적으로 긴박한 상태에 있는가를 살펴야 한다. 정서적으로 몹시 혼란되어 있는 배우자에게 다른 배우자가 먼저 거울이 되어 주고, 그 마음을 읽어 주는 역할을 하는 것이 좋다.

자기가 할 일의 우선순위를 결정하기

   현명한 사람은 감정이 이끄는 대로 무턱대고 행동하지 않는다. 문제가 발생하면 잠깐 멈추어 서서 무슨 조처를 취하는 것이 좋은가를 먼저 생각해 본다. 그러고 나서 행동으로 옮긴다.

   이런 상황에서 아내가 당장 착수해야 할 일은 무엇인가?

   첫째, 남편의 음주 습관 때문에 불안해하는 아내 자신의 문제를 다루어야 할 것인가?

   둘째, 남편의 만성적인 직장 스트레스의 문제를 심도 있게 논의해야 할 것인가?

   셋째, 늦은 밤에 만취하여 귀가한 남편의 위장을 다스리고 쉽게 해야 할 것인가?

이 중에서 가장 시급한 것은 세 번째일 것이다. 그러므로 아내는 남편의 속을 진정시킬 음료수와 간단한 요기를 준비해야 할 것이다. 그러고 나서 첫째와 둘째의 문제는 다음에 적당한 기회를 보아 거론하도록 한다.

만약에 아내는 첫째와 둘째 문제를 남편과 논의하고 싶어 하는데 남편 쪽에서는 그럴 의사가 없어 보인다면, 진지한 대화가 이루어질 수 없다. 그렇게 되면 아내는 그 문제를 다음 기회에 다시 거론하도록 조처해야 한다. 대화와 논의란 두 사람 사이에서 이루어지는 것이기 때문에, 한쪽에서 대화할 의사가 없을 때는 상호작용을 기대할 수 없는 것이다. 더욱이 남편은 지금 흥분되어 있는 상황이기 때문에 중대한 문제를 진지하게 논의할 계제가 아니다.

이제 그림 속의 아내가 앞에서 소개한 대화기술을 잘 활용하여 만취한 남편과 이야기를 주고받는 장면을 살펴보기로 하자. 앞의 그림의 경우, 멋진 자기(아내)는 훌륭한 리더십을 발휘하는 리더인 것이 분명하다. 흥분된 감정을 가라앉히고 문제 중심으로 대화를 이끌어 갈 수 있는 사람은 리더십이 있는 사람이다.

우선순위 먼저 남편을 진정시킨다.

멋진 자기(아내)

참고문헌

권석만(2004). (젊은이를 위한) 인간관계의 심리학. 학지사.

김선남(1996). 개인성장, 관계발달, 가족기능화. 중앙적성출판사.

김용태(2000). 가족치료 이론. 학지사.

김유숙(2003). 가족치료: 이론과 실제. 학지사.

김혜숙(2003). 가족치료 이론과 기법. 학지사.

노진선 역, Ellig & Morin(2001). 자꾸만 똑똑해지는 여자. 명진출판.

설기문(2002). 인간관계와 정신건강. 학지사.

원호택, 박현순(1999). 인간관계와 적응: 삶을 위한 심리학. 서울대학교 출판부.

이형득(1982). 인간관계훈련의 실제. 중앙적성출판사.

한기연(2001). 분노 스스로 해결하기. 학지사.

홍경자(2001). 상담의 과정. 학지사.

홍경자(2004). 청소년의 인성지도. 학지사.

Bower, S. A., & Bower, G. (1996). *Asserting Yourself.* NY: Addison/ Wesley Publishing Co.

Corey G. (2005). *Theory and Practice of Counseling & Psychotherapy.* Pacific Grove, CA: Brooks/Cole.

De Foore B. (1999). *Anger.* Deerfield Beech, Fl: Health Communications, Inc.

Green, J. B. (2003). *Introduction to Family Theory & Therapy.* Pacific Grove, CA: Brooks/Cole.

Hong, K. J. (1982). *The Effectiveness of Group Assertion Training with Korean College Students.* Doctoral Dissertation. The University of Mississippi.

Jakubowski, P., & Lange, A. J. (1980). *Responsible Assertive Behavior.* Champaign, Il: Research Press.

Ivey, A. E., & Ivey, M. B. (2003).= *Intentional Interviewing & Counseling.* Pacific Grove, CA: Brooks/Cole.

홍경자(洪京子) 박사는 이화여자대학교 심리학과와 동 대학원 교육심리학과를 졸업하고 미국의 Mississippi 대학교에서 철학박사 학위를 취득하였다. 지난 30여 년간 전남대학교 사범대학 교육학과 교수로 재직하며 상담심리 등을 강의하였다. 한국대학상담학회(현: 한국상담학회)의 회장직(1995~1997)을 역임하였고, 10여 년 동안 적극적 부모역할(Active Parenting) 훈련 지도자를 양성해 오고 있다. 현재 전남대학교 명예교수이고, 한국상담심리학회와 한국상담학회의 이사로 봉사하고 있으며, 상담문화원 '열려라 참깨'(AP 한국본부)의 원장으로 활동하고 있다. 그동안 약 100여 편의 연구논문과 30여 권의 저서 및 역서를 출간하였다. 대표적인 저·역서로는 『현대의 적극적 부모역할 훈련』(1995), 『상담의 과정』(2001), 『청소년의 인성교육』(2004), 『자기주장과 멋진대화』(2006) 등이 있다.

- 홈페이지: http://www.gocounseling.co.kr
- 이메일: apkoreahong@hotmail.com
- 연락처: 02-521-3250

대화의 심리학 시리즈 ❸

의사소통의 심리학

2007년　1월　10일　1판　1쇄 발행
2016년　10월　20일　1판　7쇄 발행

지은이 | 홍경자
펴낸이 | 김진환
펴낸곳 | (주)**학지사** · INNER BOOKS 이너북스
　　　　04031 서울시 마포구 양화로 15길 20 마인드월드빌딩
　　　　대표전화_ 02-330-5114　　팩스_ 02-324-2345

등 록 | 2006년 11월 13일 제313-2006-000238호
페이스북 | https://www.facebook.com/hakjisa

ISBN 978-89-958872-3-3　04180
　　　978-89-958872-0-2(set)

가격 9,900원

· 저자와의 협약으로 인지는 생략합니다.
· 파본은 구입처에서 바꾸어 드립니다.

· 이 책을 무단으로 전재하거나 복제할 경우 저작권법에 따라 처벌을 받게 됩니다.
※ 이너북스는 학지사의 자매회사입니다.